창업자 · 사업자를 위한

세무
핵심
정리
노트

창업자·사업자를 위한

세무 핵심 정리 노트

1판1쇄 펴냄 2026년 3월 30일

지은이 김현주

펴낸이 김경태
편집 조현주 홍경화 강가연
디자인 박정영 김재현 | **마케팅** 정현우 김예은
펴낸곳 (주)출판사 클
출판등록 2012년 1월 5일 제311-2012-02호
주소 03385 서울시 은평구 연서로26길 25-6
전화 070-4176-4680 | 팩스 02-354-4680 | 이메일 bookkl@bookkl.com

ISBN 979-11-94374-72-5 03320

김현주 지음

머리말

저는 세무사가 되기 전에 2년 동안 육회를 파는 음식점을
운영했습니다. 창업 아이템만 정하고 사업을 시작했기에, 어떤 세금을,
언제, 왜 내는지는 당연히 몰랐습니다. 그래서 때때로 날아오는
국세청의 안내문이 참 무섭더라고요. 뭔지도 잘 모르면서 세금
신고서를 작성하려니 '내가 맞게 하고 있는 건가?' 불안하기도 했고,
세금 낼 때마다 '뜯기는' 기분도 들었습니다.

그래서 퇴근 후에 짬짬이 세금 공부를 했습니다. 세금을 낼 땐
내더라도, 왜 내는지, 어떻게 계산하는지는 알고 싶어서요. 당시에는
딱히 사업자가 세금 공부를 할 수 있는 책이 없었기 때문에, 수험서로
공부를 했고요. 결국 음식점을 접고 2년 더 공부해 세무사까지
됐습니다.

세무사로 일하면서 저처럼 세금 공부를 하고 싶어하는 분들을
종종 만납니다. "대체 세금은 뭘로 공부해야 할까요?"라는 막막한
질문을 들을 때마다, 사업자들이 나야 할 세금 전반에 대해 실무적으로

필요한 내용만 골라 담은 책을 만들고 싶었습니다. 바쁘게 돈을 벌어야 할 사업자들이 저처럼 수험서로 세금을 공부하는 일은 없어야 하니까요.

이 책에는 사업자등록을 시작할 때부터 전략적으로 사업자등록 하는 방법, 사업자가 내야 할 세금의 종류, 부가가치세, 종합소득세 계산 방법 및 절세 방법, 인건비 신고 방법 등이 구체적으로 설명되어 있습니다. 저 또한 7년 차 개인사업자로서, 제가 사업을 하면서 하고 있는 대부분의 일들에 대해 세무사이자 사업자의 관점에서 필요한 것만 뽑아내려고 노력했습니다.

처음부터 한번 쭉 읽어보시고, 부가가치세 신고가 있을 때, 종합소득세 신고가 있을 때, 직원을 채용했을 때 등 세금 문제가 불쑥 튀어나오는 순간마다 해당되는 부분을 쏙쏙 뽑아 읽으면 좋을 것 같습니다. 세금은 그때그때 설명 들으면 알 것 같은데, 또 지나가면 내용을 잊어버리잖아요? 책장에 넣어두고, '수학의 정석'처럼 필요할 때마다 꺼내 읽는 개인사업자용 '세금의 정석'이 되길 바라는 마음입니다.

저는 사업자분들이 열심히 사업해서 번 돈을, 안 내도 될 세금을 내는 데 쓰지 않았으면 좋겠습니다. 특히 창업했다는 이유로 종합소득세를 5년 동안 덜 낼 수 있는 '창업중소기업 세액감면', 대부분의 중소기업이 받을 수 있는 '중소기업 특별세액감면', 고용을 늘리면 해주는 '통합고용세액공제' 등 다양한 혜택도 충분히 활용하셨으면 합니다. 실무적으로 세액감면이나 세액공제 등을 직접 적용하기는 어렵지만, 일단 내 사업에 어떤 혜택이 있는지를 알아두면

머리말

놓치지 않을 테니까요. 혹시 뒤늦기 내가 받을 수 있는 혜택을 놓쳤단 걸 알았다면, 이미 낸 세금을 환급해달라는 '경정청구'를 할 수도 있겠죠?

사업을 하는 모든 분들이 제때 제대로 세금 신고를 해서 마음 졸이지 않고 사업할 수 있기를, 각종 혜택을 몰라서 더 내는 세금이 없기를 진심으로 바랍니다.

세무사 김현주 드림

목차

2부 매출과 발급

5부 | 세무대리

1부

사업자등록과 기본 준비

사업자등록은 왜 하나요?

사람이 태어나면 주민등록번호를 부여받는 것처럼, 사업을 시작하면 사업자등록번호를 부여받게 됩니다. 사업자로서 뭘 하려고 하면 상호와 등록번호가 필요합니다. 신용카드 단말기를 설치하거나, 다른 사업자와 거래할 때도 사업자등록증을 필수적으로 제출하게 됩니다. 각종 세금을 내야 하는 의무도 생깁니다. 사업자등록을 안 하고 사업을 하는 게 발각되면 그동안 안 낸 세금에 가산세까지 더해 한꺼번에 내게 될 수도 있습니다.

프리랜서도 사업자등록을 해야 하나요?

프리랜서는 특정 회사에 소속되지 않은 상태로, 업무를 제공하는 사람입니다. 사업자로부터 3.3% 세금을 떼고 돈을 받죠. 원칙적으로 프리랜서에 해당한다면 사업자등록을 하지 않아도 됩니다. 다만, 프리랜서 중 ① 사업장이 있는 경우 ② 직원을 고용하거나 용역의 주된 업무를 외주 프리랜서에게 맡기는 경우 사업자등록을 해야 합니다. 특정 업종에 해당한다면 창업세액감면 혜택이 있으니 사업자등록을 하는 게 유리할 수 있습니다.

홈택스는 왜 가입해야 하나요?

세금 신고를 하거나, 안 내면 불이익이 있는 서류를 제출하거나, 각종 국세증명을 발급받는 등 사업자의 활동과 관련된 대부분의 업무를 국세청 홈택스에서 처리하기 때문입니다. 세금계산서, 현금영수증도 홈택스에서 발급하고요. 홈택스를 사용하지 않고 사업을 하기가 어렵습니다.

사 업 자 등 록 증
(일반과세자)

등록번호 : 810-02-0184

상　　　　　호 : 디벨세무그룹

성　　　　　명 : 김현주　　　　　생 년 월 일 :

개 업 연 월 일 : 2020 년 06 월 15 일

사 업 장 소 재 지 : 서울특별시 강남구 논현로 522, 5층(역삼동,

사 업 의 종 류 : 업태 서비스업　　　　　종목 세무
　　　　　　　　　　서비스업　　　　　　　　세무

사업자 유형

일반과세자, 간이과세자, 부가가치세 면세사업자 등

등록번호

사업자에게 부여되는 10자리 사업자등록번호.
사업자의 '주민등록번호'.

(1) 사업자등록증 분석하기

사업개시일

- 사업개시일 이전이라도 사업자등록 신청 가능.
- 사업개시일 이후라면 20일 이내 사업자등록 해야 함.

Tip.

사업과 관련된 지출이 발생하기 전에

사업자등록을 하면, 비용을 누락할 가능성이 줄어든다.

사 업 자 등 록 증

(일 반 과 세 자)

등록번호 : 810-02-0184

상	호	: 디벨세무그룹	
성	명	: 김현주	생 년 월 일

개 업 연 월 일 : 2020 년 06 월 15 일

사 업 장 소 재 지 : 서울특별시 강남구 논현로 522, 5층(역삼동,

사 업 의 종 류 : [업태] 서비스업   [종목] 세무
                    서비스업   세무

사업을 영위하는 장소

- 사업장을 임차했다면 임대차계약서상 주소지.
- 사업장을 임차하지 않았다면 주민등록상 주소지 사용 가능.

Tip.

사업자등록증은 거래 상대방에게 전달할 일이 많고,

인터넷 사이트에 사업장소재지로 공개해야 하므로

웬만하면 주민등록상 주소지보다는

비상주사무실이라도 임차하는 편이 낫다.

사업의 종류

사업의 내용(어떤 사업을 하는가)

- 업태 + 종목 = 업종 - 국세청의 업종코드(6자리) 등록.

Tip.

세금 혜택은 국가데이터처의 한국표준산업분류(5자리)의

세분류가 기준이므로 함께 고려해야 한다.

- 국가데이터처 표준산업분류 먼저 찾기 → 국세청

  업종코드로 변환(홈택스 표준산업분류 연계표 활용).

(1) 사업자등록증 분석하기

1부 사업자등록과 기본 준비

1 / 사업자 유형

개인사업자	과세사업자	일반과세자
		간이과세자
	면세사업자	
법인사업자	과세사업자	
	면세사업자	

하나의 사업자등록증을 받기 위해서는 많은 선택을 해야 합니다. 개인사업자로 사업을 시작할 것인가? 법인사업자로 시작할 것인가? 개인사업자가 되기로 했다면 일반과세자가 유리할까? 간이과세자가 유리할까?

사업이 처음인 분들은 비교적 관리하기 쉬운 '개인사업자'로 사업자등록을 하는 걸 권해드립니다. 사업을 어느 정도 진행하다가 매출이 늘어나 세금이 부담될 정도거나, 외부 투자를 받아야겠다거나, 정부지원사업을 위해 필요한 경우 법인으로 '전환'할 수 있습니다. 법인은 만들기도 복잡하고, 없애기는 더더욱 복잡하기 때문에 사업을 테스트해본 뒤 법인사업자가 되는 걸 고려하는 게 좋습니다. 이 책에서는 개인사업자의 세금에 대해서만 다룰 예정입니다.

사업자등록을 어떻게 하느냐에 따라 몇 년간 세금을 안 낼 수도 있고, 덜 낼 수도 있습니다. 그래서 '일단 사업자등록을 해두고 필요하면 수정해야지'라고 가볍게 생각하면 안 되고, 시작할 때 업종과 사업장소재지 등을 잘 정해야 합니다. 추후 업종을 추가하거나 사업장소재지를 변경할 경우, 받을 수 있는 세금 혜택을 못 받게 될 수 있거든요.

사업자 유형은 사업자등록증 바로 밑에 괄호로 표시돼 있습니다. 사업자등록을 하려고 하면 크게 일반과세자, 간이과세자, 면세사업자, 법인아닌 종교단체, 종교단체이외의 비사업자 유형이 나옵니다. 그중 개인사업자가 선택할 수 있는 건 일반, 간이, 면세 중 하나입니다.

사업자 유형 선택

• 사업자 유형	도움말	◯ 일반　◯ 간이　◯ 면세　◯ 법인아닌 종교단체　◯ 종교단체이외의 비사업자	
간이과세 포기 신고 여부	도움말	◯ 여　⦿ 부	

사업자 유형은 부가가치세(4부 참조)와 긴밀하게 연관돼 있습니다. 부가가치세율은 다음과 같습니다.

일반과세자: 매출의 10%

간이과세자: 매출의 1.5~4%

면세사업자: 해당 없음

매출이 5,000만 원이라고 가정해보겠습니다. 일반과세자는 5,000만 원의 10%인 500만 원을 부가가치세로 내야 합니다. 간이과세자는 5,000만 원의 1.5~4%인 75만~200만 원의 부가가치세를 내야 하고요. 면세사업자는 부가가치세를 안 내도 됩니다.

법에서 정한 '특정한 사업'을 하는 사람들만 면세사업자로 사업자등록을 할 수 있습니다. 하려는 사업이 면세사업인지는 부가가치세법 제26조에서 확인해보실 수 있습니다. 요건을 갖춘 병원이나 학원, 출판사, 주택임대사업자 등이 면세사업자에 해당합니다.

면세사업자가 될 수 없다면, 일반과세자와 간이과세자 중 선택을 해야 합니다. 간이과세자는 일반과세자에 비해 부가가치세 부담이 적지만, 큰돈을 지출했을 때 부가가치세를 돌려받지 못합니다. 또 업종과 지역에 따라 간이과세자로 사업자등록 신청을 해도 일반과세자로만 사업자등록증 발급이 가능할 수도 있습니다.

간이과세자가 불가능한 경우는 다음과 같습니다.

- 이미 일반과세자의 사업장을 보유한 경우
- 부가가치세법 시행령에 따라 간이과세를 적용받을 수 없는 업종 및 지역인 경우
- 연간 매출액이 1억400만 원 이상일 것으로 예상되는 경우 (부동산임대업, 과세유흥장소의 경우 4,800만 원 이상)
- 일반과세자로부터 사업을 포괄양수한 경우

저도 개인사업자로 세무사업을 운영하고 있습니다. 전문직
사업자는 돈을 많이 벌든 적게 벌든 무조건 일반과세자가 되는데요.
제가 사업자를 하나 더 내면 무조건 일반과세자가 됩니다. 기존에
일반과세자가 있기 때문입니다.

최근에 서울시 서초구 방배동에서 새로 사업을 시작하려는 분과
상담을 했습니다. 간이과세자가 되는 줄 알고, 인테리어 비용에 대해
세금계산서도 안 받았다고 했습니다. 그런데 방배동은 간이과세를
적용받을 수 없는 지역에 해당돼, 별도로 정한 업종이 아닌 이상
간이과세자가 될 수 없었습니다.

또 첫해에 개업해 연 매출이 1억400만 원 미만인데, 다음 해 7월
1일부터 일반과세자로 전환되는 경우가 있습니다. 7월에 개업했는데
연 매출이 1억 원이라면, 6개월 동단 1억 원을 번 건데요. 이걸
12개월로 환산하면 2억 원이기 때문에 연 매출 1억400만 원 이상으로
봅니다. 연 환산 매출이라는 점도 기억해주세요.

국세청 홈택스에서 사업자등록을 할 때 '간이과세 사전진단'
서비스를 이용할 수 있으니, 꼭 체크해보세요.

23

Q. 선택이 가능한 상황이라면, 일반과세자와 간이과세자 중 어떤 걸 선택하는 게 좋을까요?

상황 1. 사업에 비용이 많이 들지 않는 경우

매출은 사업 초기부터 발생하는데 별다른 비용이 발생하지 않는 경우라면 '간이과세자'를 선택하는 게 좋습니다.

상황 2. 매출은 당장 크지 않을 걸로 예상하는데, 초기에 비용이 많이 드는 경우

인테리어 공사를 하거나, 사야 할 물품이 많은 경우 '일반과세자'를 선택하는 게 좋습니다. 초기에 지출한 비용에 대해 부가가치세 환급을 받아 현금 유동성을 높일 수 있습니다.

Q. 간이과세자는 세금계산서 안 받아도 되나요?

간이과세자로 사업을 시작하는 분들의 가장 큰 오해가 간이과세자는 세금계산서나 계산서, 카드, 현금영수증 등을 안 받아도 문제가 없다는 것입니다. 일반과세자, 간이과세자는 부가가치세법상의 구분이기 때문에 종합소득세는 똑같이 냅니다. 적격증빙을 안 챙겨 비용 처리를 못 하면, 종합소득세를 많이 내야 합니다. 적격증빙은 3부에서 자세히 다루겠습니다.

1부 사업자등록과 기본 준비

2 / 사업자등록번호

10자리 등록번호는 외우고 있는 게 좋습니다. 등록번호의 가운데 두 자릿수를 보면 해당 사업자의 사업자 유형을 알 수 있습니다. 01~79는 개인 과세사업자, 90~99는 개인 면세사업자, 81~88은 법인사업자입니다.

8 1 0	-	0	2	-	0 1 8 4	6
사용 가능한 번호를 순차적으로 부여		개인사업자(과세, 면세 등), 법인사업자(영리, 비영리 등) 구분			과세사업자(일반·간이), 면세사업자, 법인사업자별로 등록 또는 지정 일자순으로 사용 가능한 번호 부여	검증 코드

국세청 홈택스의 [상담·불복 고충·제보·기타] → [사업자상태] → [사업자상태 조회(사업자등록번호)]에서 상대방의 사업자번호를 검색하면, 해당 사업자가 간이과세자인지 일반과세자인지 알 수 있습니다. 간이과세자는 연 매출이 1억400만 원 미만인 사업자이기 때문에, 사업을 시작한 지 얼마 안 됐거나 매출이 많지 않은 거래처일 수 있습니다.

3 / 개업연월일

개업연월일은 사업을 시작한 날입니다. 일반적으로 사업을 시작한 날에 사업자등록을 하지만, 사업을 시작하기 전에 사업자등록하는 것은 문제가 되지 않습니다. 사업자등록을 늦게 하는 경우가 문제인데요. 아무리 늦어도, 사업을 시작한 날로부터 20일 이내에 사업자등록을 진행해야 합니다. 사업자등록을 늦게 하면 다음과 같은 불이익이 생깁니다.

1) 미등록가산세

사업개시일로부터 20일이 지나서 사업자등록을 할 경우 사업개시일부터 사업자등록 신청일의 전날까지 매출(부가가치세 제외)의 1%를 미등록가산세로 내야 합니다. 간이과세자의 미등록가산세는 매출(부가가치세 포함)의 0.5%와 5만 원 중 큰 금액입니다.

우리가 소비자로부터 받는 돈은 매출과 부가가치세의 합으로 구성돼 있습니다. 11,000원을 받고 물건을 팔았다고 가정해보겠습니다. 10,000원은 매출이고, 1,000원은 물건 값의 10%인 부가가치세입니다. 이때 매출 10,000원을 세법에서는 '공급가액'이라고 부릅니다.

미등록가산세가 공급가액의 1%라고 하니, 크게 와닿지 않을 수도 있습니다. 사업개시일부터 사업이 잘돼서, 사업자등록 신청일의 전날까지 매출이 1억 원이라면 어떨까요? 미등록가산세는 1억 원의

1%인 100만 원이 됩니다.

사업개시일로부터 1개월 이내에 사업자등록을 신청한다면 미등록가산세를 50%를 감면해줍니다.

> **가산세란?**
>
> 세법상 의무를 이행하지 않았기 때문에 납부할 세금에 더해서(가산) 징수하는 세금입니다. 특히 신고를 안 하거나 늦게 했을 때, 납부를 늦게 했을 때 가산세가 발생합니다. 벌금의 성격이 있지만, 형벌이 아니기 때문에 범죄처럼 이력에 남지는 않습니다.

2) 매입세액불공제

사업자등록을 신청하기 전의 매입세액은 부가가치세 신고할 때 공제해주지 않습니다. 매입세액이란 물건이나 서비스를 사면서 미리 낸 부가가치세입니다. 매출세액은 반대로 물건이나 서비스를 팔면서 받은 부가가치세이지요. 그래서 매입세액을 공제한다는 것은, 매입세액만큼 매출세액에서 빼준다는 뜻입니다. 예를 들어, 매출세액이 3만 원이고 매입세액이 1만 원이라면, 납부세액은 3만 원 – 1만 원 = 2만 원입니다. 그런데 공제해주지 않는다면 매출세액 3만 원 그대로 납부해야 합니다.

단, 상반기에 개업하고 7월 20일까지 사업자등록을 신청했을 경우 상반기 매입세액을 전부 공제받을 수 있고요. 하반기에 개업하고 다음 해 1월 20일까지 사업자등록을 신청했을 경우 하반기 매입세액을 전부 공제받을 수 있습니다. 매입세액공제를 받으려면, 늦어도 반기 시작 후 20일 이내에 사업자등록을 신청해야 합니다.

4 / 사업장소재지

사업자등록을 하기 전에 '어디서 사업을 할 것인지'를 정해야
합니다.

1) 집에서 사업하기

프로그램 개발자나 디자이너 등 별도의 사무실이 필요 없는
업종이라면 거주하는 집을 사업장으로 할 수 있습니다. 인터넷으로
물건을 파는 통신판매업을 하는 경우에도 집으로 사업자등록을 할 수
있겠죠.

다만 월세나 전세로 거주하시는 경우 꼭 임대인의 허락을
받아야 합니다. 임대인의 허락을 받지 않아도 주민등록상 주소지라면
사업자등록이 가능하지만, 추후 법적인 분쟁에 휘말릴 수도 있습니다.

임대인에게 허락받는 게 어렵다면, 비교적 소액으로 임차가
가능한 '비상주오피스'나 '공유오피스'를 활용하시는 것도 방법입니다.
집 주소로 사업자등록을 내면 사업자등록증을 통해 사는 곳의 주소가
노출될 위험이 있기 때문입니다.

제조업, 음식점업 등의 경우 공장, 조리시설 등이 필요하기
때문에 집에서 사업자등록을 할 수 없습니다. 사업자등록을 신청하기
전에 미리 임대차계약을 맺어야 합니다.

1부 사업자등록과 기본 준비

2) 전대로 사업하기

전대차계약이란 임대인과 임차인이 임대차계약을 맺고,
임대인의 동의하에 임차인이 새로운 임차인과 계약을 맺는 겁니다.

A(임대인) ⇔ B(임차인): 임대차계약

B(임차인) ⇔ C(전차인): 전대차계약(임대인 동의 필수)

전대차계약은 '임대인의 동으'가 필수입니다. 따라서
사업자등록을 할 때도 전대차계약서, 전대차사용동의서(임대인 서명,
임차인 서명, 전차인 서명)가 반드시 필요합니다.

(1) 사업자등록증 분석하기

5 / 업태 + 종목

업태는 사업의 종류를 크게 분류한 것입니다. 도매 및 소매업, 숙박 및 음식점업, 정보통신업, 전문, 과학 및 기술 서비스업 등을 업태라고 합니다.

종목은 해당 업태를 보다 세세하게 분류한 것입니다. 도매 및 소매업 내에서도 통신판매업, 상품중개업, 의복 소매업, 신발 도매업, 식료품 소매업 등 다양한 종목이 있습니다. 숙박 및 음식점업의 경우에도 한식 음식점업, 외국식 음식점업, 주점업 등으로 종목이 나뉘고요. 정보통신업도 서적 출판업, 시스템·응용 소프트웨어 개발 및 공급업, 뉴스 제공업, 지상파 방송업 등의 종목이 있습니다. 전문, 과학 및 기술 서비스업도 공학 연구개발업, 법무관련 서비스업, 회계 및 세무관련 서비스업, 전문 디자인업 등이 있고요.

업태와 종목을 합한 용어가 '업종'입니다. 국세청은 모든 사업을 6자리 숫자인 '업종코드'로 관리하고 있습니다. 그런데 국세청의 업종코드는 국가데이터처의 '한국표준산업분류'와 연계해서 봐야 합니다. 국가데이터처는 각각의 통계작성기관(국세청, 특허청 등)이 동일한 기준에 따라 통계를 작성할 수 있도록 '한국표준산업분류'라는 걸 만들어두는데요. 세법에서 세금 혜택을 줄 때는 한국표준산업분류를 기준으로 합니다. 이 때문에 내가

1부 사업자등록과 기본 준비

하려는 사업에 대해 세금 혜택을 받으려면 한국표준산업분류를 먼저 찾아보고, 이것을 국세청 업종코드로 변환해 사용하는 게 좋습니다.

1) 우선 국가데이터처 한국표준산업분류에서 키워드를 검색해봅니다. 자신의 사업이 어디에 속하는지 정확히 모르겠다면 국가데이터처 통계기준과(042-481-2055)로 전화해서 문의해도 됩니다.

2) 한국표준산업분류 '세분류'가 어떤 세액공제, 감면이 있는지 확인을 해보는 게 좋습니다. 세분류에 따라 소득세나 법인세를 최대 100%까지 안 낼 수 있기 때문에 한국표준산업분류로 내가 하는 사업을 확인하는 게 중요합니다.

3) 자신의 표준산업분류코드를 알았다면, 국세청 홈택스에서 [세금신고] → [신고도움 자료 조회] → [기준·단순경비율(업종코드) 조회]로 들어가 '업종코드-표준산업분류 연계표'를 다운로드합니다.

4) 이제 연계표의 맨 왼쪽 국세청 업종코드 6자리를 봐주세요. 사업자등록 신청할 때는 이 업종코드를 써서 신청을 하면 됩니다.

세금 감면받고 시작하기

창업중소기업 등에 대한 세액감면

종합소득세를 감면받는 것

1. 지역 요건

창업 당시	수도권 과밀억제권역	수도권 (2025년 창업까지)	수도권 (2026년 창업부터)	수도권 외
청년	50%	100%	75%	100%
청년 외	X	50%	25%	50%

2. 업종 요건

제조업, 통신판매업, 음식점업, 정보통신업, 전문, 과학 및

기술 서비스업의 일부 등 조세특례제한법 제6조 제3항에 열거된 업종

3. 창업 요건

새로운 사업을 최초로 개시

• 창업으로 보지 않는 경우

① 같은 종류의 사업을 하는 경우

② 기존 사업을 인수하는 경우 (권리금 받고 인수하는 경우라면 창업 아님)

③ 개인사업을 법인으로 전환하는 경우

④ 다른 업종을 추가하는 경우

  (본인이 하려는 업종을 사업자등록을 할 때 처음부터 넣어야 한다)

4. 나이 요건

청년: 만 15세 이상, 만 34세 이하

군대에 다녀왔다면 그 기간만큼 나이에서 빼줌.

Ⓣⓘⓟ.

청년이 아니어도 생계형 창업이면 수도권과밀억제권역에서

창업 감면이 가능

• 생계형 창업: 연 환산 수입금액이 1억400만 원 이하인 경우

해당연도 소득세(법인세) 감면

(최초로 소득이 발생한 연도를 포함해 최대 5년)

지역	감면율
수도권과밀억제권역	50%
수도권(2026년 창업부터)	75%
수도권 외	100%

사업자가 받을 수 있는 세금 혜택 중에 가장 큰 혜택은 종합소득세 100% 감면입니다. '창업중소기업 등에 대한 세액감면'을 통해 종합소득세를 최대 100%까지 감면받을 수 있습니다. 해당 혜택을 받으려면 지역·업종·창업·나이 요건을 모두 만족해야 합니다.

사업을 시작할 때는 대부분 중소기업에 해당하기 때문에 중소기업의 요건까지 설명드리진 않겠습니다. 중소기업의 범위가 궁금하다면 '조세특례제한법 시행령 제2조 중소기업의 범위'를 참고해주세요.

1 / 지역 요건

창업 당시	수도권 과밀억제권역	수도권 (2025년 창업까지)	수도권 (2026년 창업부터)	수도권 외
청년	50%	100%	75%	100%
청년 외	X	50%	25%	50%

수도권과밀억제권역

사업장이 수도권과밀억제권역에 있는지, 수도권에 있는지,

1부 사업자등록과 기본 준비

수도권 외의 지역에 있는지는 '수도권정비계획법 시행령[별표 1]'에서 확인하실 수 있습니다. 서울은 전 지역이 수도권과밀억제권역에 포함되지만, 인천과 경기도는 지역에 따라 수도권과밀억제권역일 수도 아닐 수도 있으니 창업 전에 포함 여부를 확인하는 게 좋습니다.

여기서 '청년'이란 창업 당시 간 15세 이상 만 34세 이하인 사람을 말합니다. 병역을 이행한 경우 그 기간을 창업 당시 연령에서 빼고 계산하며, 최대 6년까지 인정해줍니다. 예를 들어 A의 창업일이 2024년 2월 18일인데, 1988년 1월 24일생이라면 창업 당시 만 36세입니다. 그런데 A가 군대를 1년 10개월 다녀왔다면 창업 당시 연령이 만 34세가 되므로 '청년'으로 인정받을 수 있습니다.

2 / 업종 요건

제조업, 통신판매업, 음식점업, 정보통신업, 전문, 과학 및 기술 서비스업의 일부 등이 대상인데요. 자세한 내용은 다음의 조세특례제한법 제6조 제3항에서 찾아볼 수 있습니다.

○ 조세특례제한법 제6조【창업 중소기업 등에 대한 세액감면】
③ 창업중소기업과 창업벤처중소기업의 범위는 다음 각 호의 업종을 경영하는 중소기업으로 한다. 〈개정 2019. 12. 31., 2021. 8. 17.〉
1. 광업
2. 제조업(제조업과 유사한 사업으로서 대통령령으로 정하는 사업을

포함한다. 이하 같다)

3. 수도, 하수 및 폐기물 처리, 원료 재생업

4. 건설업

5. 통신판매업

6. 대통령령으로 정하는 물류산업(이하 "물류산업"이라 한다)

7. 음식점업

8. 정보통신업. 다만, 다음 각 목의 어느 하나에 해당하는 업종은
   제외한다.
   가. 비디오물 감상실 운영업/ 나. 뉴스제공업/ 다. 가상자산 매매
   및 중개업

9. 금융 및 보험업 중 대통령령으로 정하는 정보통신을 활용하여
   금융서비스를 제공하는 업종

10. 전문, 과학 및 기술 서비스업[대통령령으로 정하는
    엔지니어링사업(이하 "엔지니어링사업"이라 한다)을 포함한다].
    다만, 다음 각 목의 어느 하나에 해당하는 업종은 제외한다.
    가. 변호사업/ 나. 변리사업/ 다. 법무사업/ 라. 공인회계사업/
    마. 세무사업/ 바. 수의업/ 사. 「행정사법」 제14조에 따라 설치된
    사무소를 운영하는 사업/ 아. 「건축사법」 제23조에 따라 신고된
    건축사사무소를 운영하는 사업

11. 사업시설 관리, 사업 지원 및 임대 서비스업 중 다음 각 목의 어느
    하나에 해당하는 업종
    가. 사업시설 관리 및 조경 서비스업
    나. 사업 지원 서비스업(고용 알선업 및 인력 공급업은

농업노동자 공급업을 포함한다)

12. 사회복지 서비스업

13. 예술, 스포츠 및 여가관련 서비스업. 다만, 다음 각 목의 어느

하나에 해당하는 업종은 제외한다.

가. 자영예술가/ 나. 오락장 운영업/ 다. 수상오락 서비스업/ 라.

사행시설 관리 및 운영업/ 마. 그 외 기타 오락관련 서비스업

14. 협회 및 단체, 수리 및 기타 개인 서비스업 중 다음 각 목의 어느

하나에 해당하는 업종

가. 개인 및 소비용품 수리업

나. 이용 및 미용업

15. 「학원의 설립·운영 및 과외교습에 관한 법률」에 따른 직업기술

분야를 교습하는 학원을 운영하는 사업 또는 「국민 평생

직업능력 개발법」에 따른 직업능력개발훈련시설을 운영하는

사업(직업능력개발훈련을 주된 사업으로 하는 경우로 한정한다)

16. 「관광진흥법」에 따른 관광숙박업, 국제회의업, 유원시설업 및

대통령령으로 정하는 관광객 이용시설업

17. 「노인복지법」에 따른 노인복지시설을 운영하는 사업

18. 「전시산업발전법」에 따른 전시산업

(2) 세금 감면받고 시작하기

3 / 창업 요건

창업이란 '새로운 사업을 최초로 개시'하는 겁니다. 한 번도 해본 적이 없는 사업에 대해, 최초로 사업자등록을 하는 경우 창업으로 봅니다. 몇 가지 예시로 창업에 대한 개념을 살펴보겠습니다.

1) 같은 종류의 사업을 하는 경우

A씨는 지방에서 통신판매업 사업자등록을 했습니다. 그런데 막상 사업자등록을 하고 나니 매출이 잘 나지 않아서 금방 폐업을 했습니다. 그러고 나서 1년 후, 서울로 올라와 통신판매업 사업자등록을 했습니다. 이 경우 다른 지역에서 사업자등록을 새로 했으니 '창업'을 했다고 생각할 수 있지만, 세법에서만큼은 이를 창업으로 인정하지 않습니다.

다른 경우를 보겠습니다. 지방에서 한식당을 운영하다가 폐업한 B씨는 중식당을 차렸습니다. 음식점업을 하다가 폐업 후 음식점업을 창업했으니 창업이 아닌 게 될까요?

창업으로 볼 수 있습니다. B씨와 A씨의 다른 점은 '한식 음식점업'이 '중식 음식점업'으로 바뀌었다는 점입니다. 한국표준산업분류의 '세분류'가 같아야 같은 종류의 사업으로 보는데요. 한식 음식점업의 세분류와 중식 음식점업의 세분류가 다르기 때문에 '같은 종류의 사업'이 아니라고 보는 겁니다.

1부 사업자등록과 기본 준비

한국표준산업분류	한식 음식점업	중식 음식점업
대분류	I(숙박 및 음식 점업)	I(숙박 및 음식점업)
중분류	56(음식점 및 주점업)	56(음식점 및 주점업)
소분류	561(음식점업)	561(음식점업)
세분류	5611(한식 음식점업)	5612(외국식 음식점업)
세세분류	56111(한식 일반 음식점업)	56121(중식 음식점업)

만약 B씨가 중식 음식점업을 하다가 폐업하고 일식 음식점업을 해도 창업으로 인정받을 수 있을까요? 정답을 알려면 한국표준산업분류 세분류를 봐야겠죠?

한국표준산업분류	중식 음식점업	일식 음식점업
대분류	I(숙박 및 음식점업)	I(숙박 및 음식점업)
중분류	56(음식점 및 주점업)	56(음식점 및 주점업)
소분류	561(음식점업)	561(음식점업)
세분류	5612(외국식 음식점업)	5612(외국식 음식점업)
세세분류	56121(중식 음식점업)	56122(일식 음식점업)

이 경우 세분류가 동일하기 때문에 '같은 종류의 사업'을 하는 것으로 봅니다. 즉, 창업으로 인정받을 수 없는 얘기죠. 앞서 사업자등록을 할 때 꼭 표준산업분류코드를 확인하라고 말씀드린 이유가 바로 이것입니다.

(2) 세금 감면받고 시작하기

2) 기존 사업을 인수하는 경우

본인은 최초로 사업자등록을 낸다고 해도 권리금을 주고 기존 사업을 이어가는 경우에는 창업에 해당하지 않습니다. 합병·분할·현물출자 또는 사업의 양수를 통해 종전의 사업을 승계하거나, 종전의 사업에 사용되던 자산을 인수 또는 매입하여 같은 종류의 사업을 하는 경우도 창업으로 보지 않습니다.

3) 개인사업을 법인으로 전환하는 경우

개인이 하던 사업을 법인으로 전환하는 건 창업으로 보지 않습니다. 다만 개인사업자가 받고 있는 창업중소기업 세액감면 기간이 남았다면, 남은 기간에 대해서는 법인이 세액감면을 받을 수 있습니다.

4) 다른 업종을 추가하는 경우

최초에 사업자등록을 했던 업종과 다른 업종을 추가한 경우 창업으로 보지 않습니다. 그러므로 완전히 다른 사업을 하고 싶다면, 기존 사업장과 다른 사업장 주소지에 새롭게 사업자등록을 하시는 걸 추천합니다.

4 / 청년이 아니라면

만 15세 이상, 만 34세 이하 청년이 아니라면 원칙적으로 수도권과밀억제권역 외의 지역에서 창업했을 때만 25% 혹은 50%의 세액감면을 해줍니다.

그런데 청년이 아닌 사람이라도 '생계형 창업'이라면 혜택을 받을 수 있습니다. 수도권 외의 지역에서 창업을 했을 때 최초로 소득이 발생한 과세연도부터 5년간 수입금액(부가가치세를 제외한 매출)이 1억400만 원 이하인 연도의 종합소득세를 100% 감면해주는 겁니다. 예를 들어, 창업 1년 차, 3년 차, 5년 차의 수입금액이 1억400만 원 이하였다면 이 3개 과세연도에는 감면을 받고, 2년 차, 4년 차의 수입금액이 1억400만 원 초과였다면 이 2개 과세연도에는 감면을 못 받는 겁니다. 만약 수도권과밀억제권역에서 창업을 했다면 같은 경우 종합소득세를 50% 감면해줍니다.

지역	감면율
수도권과밀억제권역	50%
수도권(2026년 창업부터)	75%
수도권 외	100%

(2) 세금 감면받고 시작하기

창업 관련 자주 묻는 질문

Q. 수도권과밀억제권역에서 과밀억제권역이 아닌 지역으로 이전하면
감면율이 늘어나나요? 그 반대의 경우 감면율이 줄어드나요?
수도권과밀억제권역에서 창업한 청년창업중소기업이 수도권 외의
지역으로 사업장을 이전하더라도 감면율이 50%에서 100%로 늘어나진
않습니다. 반대로 수도권 외의 지역에서 창업한 청년창업중소기업이
수도권과밀억제권역으로 이전한 경우 이전일이 속하는 과세연도부터
남은 감면 기간까지는 감면율이 100%가 아닌 50%로 줄어들어
적용됩니다.

Q. 대표자 변경 시 창업중소기업 등에 대한 세액감면을 계속 적용받을
수 있나요?
창업중소기업 세액감면 기간 중 대표자를 다른 청년으로 변경하는
경우에는 대표자 변경일이 속하는 과세연도부터 남은 감면 기간 동안
감면을 적용하지 않습니다.

Q. 개인사업자가 법인을 설립하면 창업으로 볼 수 있나요?
개인사업자가 현재의 사업을 법인으로 전환하는 게 아니라 사업을
계속하면서 다른 지역에 별도의 법인을 설립하여 개인사업자와 동일한
업종을 영위하는 경우 해당 법인은 창업중소기업에 해당합니다.

1부 사업자등록과 기본 준비

사업자등록 따라하기

사업자등록 준비물 

1. 상호명, 업태/종목(업종코드), 개업일자, 사업자 유형(일반/간이)
2. 임대차계약서(사업장을 임차할 경우)
3. 인허가 필요한지 확인

   (홈택스 [증명·등록·신청] → [개인 사업자등록 신청] →

   '인허가 서류 조회' 버튼 클릭)

준비가 끝났다면?

1. 국세청 홈택스hometax.go.kr에 개인 계정으로 로그인
2. [증명·등록·신청] → [개인 사업자등록 신청]
3. 인적사항 입력 & 사업특성 선택사항

   a. "사업장(가게, 사무실 등)이 타인의 소유인가요?"

   ⇒ 상가나 사무실을 임차한 경우 '예',

   　본인 소유 건물이나 주민등록상 주소지에서 사업을 하는 경우 '아니오'

   b. "국세관련 우편수령장소를 사업장이 아닌 다른 주소로

   　지정하시겠습니까?"

   ⇒ 사업장 이외의 주소로 서류를 받길 원하시면 '예'

4. 사업장 정보입력

    a. 상호명

    b. 개업일자

    c. 사업장(단체) 소재지

    (임대차계약서가 있다면 임대차계약서 상의 주소를,

    집에서 사업을 한다면 주민등록상 주소지와 동일하다고 체크)

5. 임대차내역 입력

    '임대차 입력/수정'에서 임다인 정보, 부동산소재지, 계약일자,

    계약기간, 면적 등 입력

6. 업종 선택

    '업종 입력/수정'에서 미리 정한 업종코드 입력

7. 사업자 유형 선택

    일반/간이/면세 등 선택

    ('간이과세 사전검토'를 눌러서 간이과세가 가능한지

    미리 확인 가능. 간이과세가 안 되는데 간이를 선택하면,

    세무서에서 일반과세자로 발급한다고 연락 옴)

1 / 사업자등록 방법

사업자등록은 국세청 홈택스hometax.go.kr에서 할 수도 있고, 세무서 민원실에 방문해서 할 수도 있습니다. 국세청 홈택스에서 사업자등록을 진행하는 게 훨씬 간편한 방법이기 때문에, 여기서는 홈택스에서 신청하는 방법을 알려드립니다. 세무서 방문을 한다면 동일한 방법으로 종이 신청서를 작성하면 됩니다.

1) 사업자등록 준비

본격적으로 사업자등록을 하기 전에 다음 세 가지를 미리 준비해두어야 합니다.

· 국세청 홈택스 개인 계정
· 임대차계약서(사업장을 임차한 경우)
· 상호명, 업태/종목, 개업일자, 사업자 유형 정하기

국세청 홈택스 개인 계정이 없다면, 국세청 홈택스 우상단 '회원가입'을 누르세요.

회원유형을 '개인'으로 선택하고, 주민등록번호로 회원가입을
진행하세요. 참고로 사업자등록증이 나온 이후 '사업자'로 추가
회원가입이 가능합니다.

'개인' 회원은 개인에게 귀속된 모든 소득을 한 개의 아이디로
관리하는 거고요. 사업자등록증이 나온 이후 '사업자' 아이디를
추가하면 해당 사업자의 소득만 별도의 아이디로 관리할 수 있습니다.

2) 사업자등록 신청 1 — 사업특성 선택사항

홈택스 ID로 로그인을 했다면, [증명·등록·신청] → [사업자등록
신청·정정·휴폐업] → [개인 사업자등록 신청]으로 들어가세요.

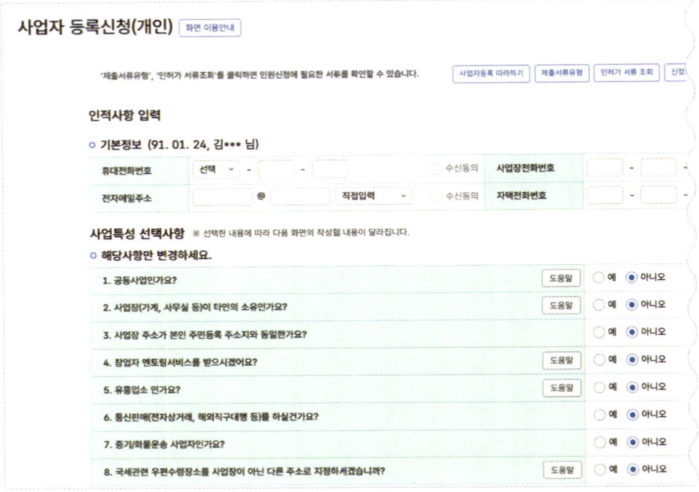

휴대전화정보 등 기본정보를 입력한 뒤 사업특성 선택사항을
체크해주세요.

(3) 사업자등록 따라하기

집에서 사업을 하는 게 아니라면 "2. 사업장(가게, 사무실 등)이 타인의 소유인가요?" 물음에 '예'라고 체크해주시고요. 주민등록상 주소지로 사업자등록을 하실 거라면 "3. 사업장 주소가 본인 주민등록 주소지와 동일한가요?" 물음에 '예'라고 대답해주세요. 비상주사무실이나 공유오피스에서 사업을 한다면 "8. 국세관련 우편수령장소를 사업장이 아닌 다른 주소로 지정하시겠습니까?" 물음에 '예'를 선택해주세요.

3) 사업자등록 신청 2 — 사업장 정보입력

사업장 정보입력

○ 기본정보

*상호명		*개업일자	도움말	yyyy-mm-dd
자기자금	원	타인자금		
종업원수	명			

○ 사업장(단체) 소재지

*기본주소	우편번호	주소검색		
	도로명주소			
	지번주소			
	건물명		동	층
	기타주소			

상호명

미리 정한 상호명을 적습니다. 상호명은 '상표권' 등록과 연계되기 때문에 신중하게 정해야 합니다. 다만, 언제든지 사업자등록 정정이 가능하니 지금 100% 마음에 드는 상호명이 아니라도 괜찮습니다. 참고로 개인사업자는 상관없지만, 법인사업자의 경우 동일한 특별시·광역시·시·군에 이미 등록돼 있는 상호는 사용할 수

1부 사업자등록과 기본 준비

없습니다. 대법원 인터넷등기소의 [법인] → [열람하기]를 통해 동일한
특별시·광역시·시·군에 동일한 상호가 있는지 확인할 수 있습니다.

> **사업자등록을 할 때 미리 상호명 '상표권' 등록을 진행하세요**
> 사업이 유명세를 타기 시작할 때 다른 사람이 나의 상호로 상표권을
> 내버리는 경우가 매우 빈번하니, 사업자등록할 때부터 상표권 등록을
> 함께 진행하시는 걸 권합니다. 사업이 승승장구하고 있을 때 상표권
> 등록을 하려고 하면 이미 늦습니다. 상표권 등록 여부는 특허청의
> 특허정보검색서비스(키프리스KIPRIS)에서 확인 가능합니다.

개업일자

사업을 시작한 일자를 적습니다. 원칙적으로는 사업개시일부터
20일 이내에 사업자등록을 해야 합니다. 사업을 준비하면서 미리
사업자등록을 신청하는 경우 사업개시 예정일을 적으면 됩니다.
창업중소기업 세액감면의 '청년' 요건을 충족하기 위해서는 해당일자에
만 15세 이상, 만 34세 이하여야 하니 이 부분도 꼭 확인해주세요.

사업장(단체) 소재지

"사업장 주소가 본인 주민등록 주소지와 동일한가요?"라는
물음에 '예'를 체크했다면, 주민등록상 주소지를 불러옵니다. '아니오'를
체크했다면, 주소검색을 통해 임대차계약을 맺은 곳의 주소를
입력하면 됩니다.

4) 사업자등록 신청 3 — 임대차내역 입력

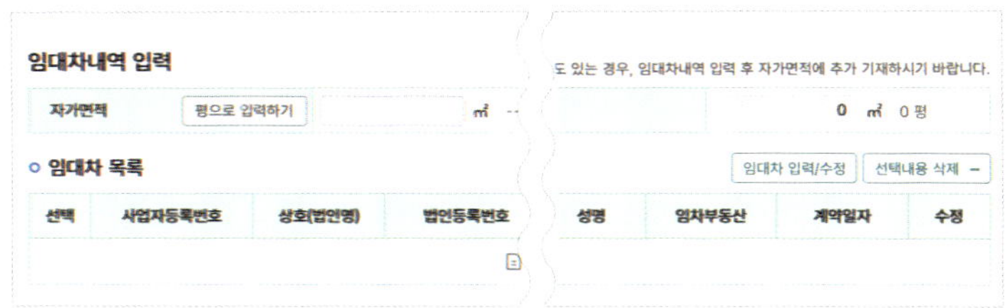

임대차 입력/수정을 클릭한 뒤 임대차계약서에 있는 임대인
정보, 부동산소재지를 입력합니다.

계약일자, 계약기간, 면적을 필수로 입력한 뒤 등록해주세요.
임대차계약을 맺기 전에 해당 사업장이 수도권과밀억제권역 내에
있는지도 반드시 확인합니다.

1부 사업자등록과 기본 준비

5) 사업자등록 신청 4 — 업종 선택

업종 목록

업종 입력/수정을 클릭하고 미리 정해둔 업종코드를 적으면
됩니다. 만약 여러 가지 업종을 같이 할 거라면 사업자등록을 할 때
함께 등록하는 게 유리합니다. 나중에 추가하는 업종은 창업중소기업
세액감면을 받을 수 없거든요.

선택사항

인허가사업의 경우 사업자등록 전에 먼저 인허가가 진행돼야
합니다. 사업자등록 신청 첫 화면에 '인허가 서류 조회'가 있습니다.
사업자등록을 하려는 업종코드를 검색하면 어떤 서류가 필요한지 알
수 있습니다. 예를 들어 '만화출판업'을 할 경우 '출판사 신고필증'이
필요하니, 시, 군, 구에서 신고필증을 먼저 받아야 사업자등록을 할 수

있습니다.

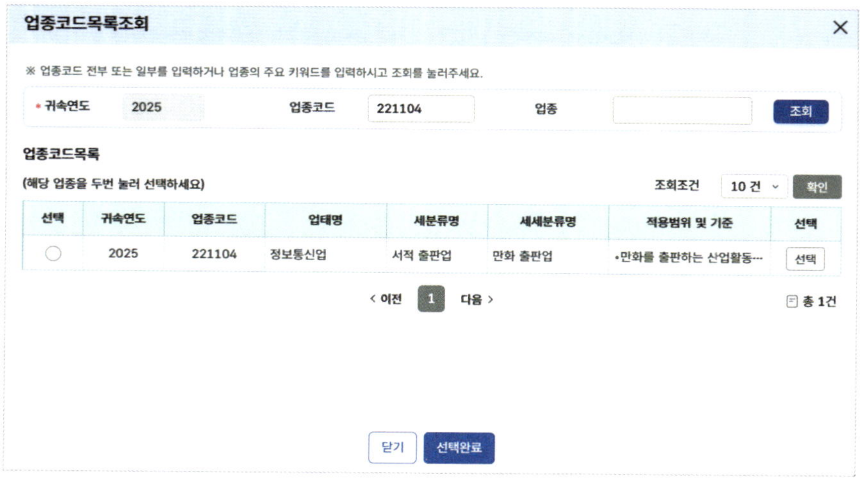

1부 사업자등록과 기본 준비

사업자 유형 선택

*사업자 유형	도움말	○ 일반 ○ 간이 ○ 면세 ○ 법인아닌 종교단체 ○ 종교단체이외의 비사업자
간이과세 포기 신고 여부	도움말	○ 여 ● 부

선택사항

○ **서류 송달장소 (사업장소와 다를 경우만 입력)**

송달받을 장소	○ 주민등록상 주소 ○ 기타 ● 해당없음		
송달장소	우편번호		주소검색
	도로명주소		
	지번주소		
	건물명		동
	기타주소		

사업자 유형

일반/간이/면세 중 미리 정한 사업자 유형을 선택하세요.

앞에서 말씀드린 것처럼 초기 투자금액이 크거나, 사업자들과

세금계산서를 주고받아야 한다면 '일반'과세자를 선택하시면 됩니다.

초기 투자금액이 크지 않고, 사업에 들어가는 비용이 크게 없다면

'간이'과세자를 선택하시면 됩니다. 면세 물품을 판매하거나, 면세

서비스를 제공하는 경우라면 '면세'사업자를 선택해주세요.

선택사항

서류 송달장소는 서류를 받는 곳입니다. 보통 사업장 주소로

서류가 송달되나, 비상주사무실이나 공유오피스 등을 사용하는 경우 서류 송달장소를 '주민등록상 주소'로 바꿔주세요. 중요한 서류를 놓칠 수 있습니다.

7) 사업자등록 신청 6 — 저장과 첨부파일 등록

'저장 후 다음'을 누르면 첨부파일을 등록하는 화면이 나옵니다. 사업장을 임차한 경우 임대차계약서를, 인허가사업을 영위하는 경우 미리 받아둔 허가(등록, 신고)증 사본을 업로드해주세요.

이로써 신청 과정은 끝입니다. 신청일로부터 3일 내 사업자등록증을 받게 될 겁니다. 사업자등록증은 홈택스에서 바로 다운로드할 수 있습니다. 혹시나 보완해야 할 사항이 있다면 세무서에서 전화가 올 거예요.

2 / 주의사항

1) 동업을 하는 경우

· 동업계약서
· 임대차계약서(동업자 모두가 임차인으로 돼 있어야 합니다.)

한 명의 국세청 홈택스 아이디로 사업자등록을 진행하면, 다른 동업자들의 '승인'이 필요합니다. 사업자등록 신청서를 작성 후 저장한

뒤 동업자가 각각 국세청 홈택스에 로그인합니다. [증명·등록·신청]
→ [사업자등록 신청·정정·휴폐업] → [개인 공동사업자·법인 공동대표
승인]에서 본인인증을 해주세요.

2) 사업자등록증 실물이 필요한 경우

세무서 민원실을 방문하면 노란색의 빳빳한 종이에 인쇄된
사업자등록증을 받을 수 있습니다.

(4) 사업용 신용카드와 사업용계좌 등록하기

사업용 신용카드 등록

개인사업자가 사업용 물품이나 서비스를 구입하는 데 사용하는

신용카드를 국세청 홈택스에 등록하는 제도

(법인사업자는 법인 신용카드가 자동으로 반영)

- 체크카드 등록 가능. 최대 50장까지 등록 가능.

- 가족카드, 기프트카드, 충전식선불카드, 직불카드, 백화점전용카드

  등록 불가.

- 등록하지 않으면 부가가치세와 종합소득세 신고할 때 각 카드사에서

  '세금 신고용 엑셀 파일'을 받아서 내용을 반영해야 함.

- 등록한 달의 내역부터 국세청 홈택스에서 확인할 수 있음.

- 카드를 신규로 발급하거나, 카드가 변경되면 그때그때 등록해야

  비용 누락이 없음.

사업용계좌 등록

개인사업자 중 복식부기의무자를 대상으로 사업과 관련된 금융거래는

'사업용계좌로 신고'하여 사용하도록 하는 제도

- 금융계좌를 사업용과 가계용으로 그분하여 쓰게 하기 위함.

- 개설하지 않으면 조세특례제한법 감면 배제

  (창업중소기업 세액감면, 중소기업 특별세액감면 등)

- 신고하지 않았을 때 ⇒ 미신고 가산세

  ① 해당 과세기간의 수입금액 × (미신고기간 / 365) × 0.2%

  ② 거래대금, 인건비, 임차료 등 거래금액의 합계액 × 0.2%

  ① ② 중 큰 금액 납부

- 사용하지 않았을 때 ⇒ 미사용 가산세

  미사용금액 × 0.2%

(4) 사업용 신용카드와 사업용계좌 등록하기

1 / 사업용 신용카드 등록을 하는 이유

사업자등록을 하자마자 바로 해야 할 것이 '사업용 신용카드' 등록입니다. 사업을 하면서 가장 많이 쓰는 결제 수단이 신용카드이니 신용카드를 홈택스에 등록해둬야 편리한 세금 신고가 가능합니다.

사업용으로 카드를 따로 만들 필요는 없습니다. 국세청 홈택스에 등록하는 사업용 신용카드란 내가 사업과 관련해서 사용하겠다고 정한 카드입니다. 그러므로 사업용으로 쓸 개인 카드를 등록하면 됩니다. 신용카드뿐만 아니라 체크카드도 등록이 가능합니다.

누락 없이 비용 처리를 하려면 카드 사용 용도를 기록하는 게 중요합니다. 그런데 바쁘게 사업을 하다보면 언제, 왜 카드를 사용했는지 기억이 안 날 겁니다. 그러니 '사업용'으로는 A 카드만 쓴다, '개인용'으로는 B 카드만 쓴다는 규칙을 정해두세요.

특히 도소매업을 하면서 상품을 카드로 결제하는 경우라면 상품 결제 카드는 별도로 구분하는 걸 추천합니다. 부가가치세 신고나 종합소득세 신고를 할 때 세무서가 카드 내역을 일일이 어디에 썼는지 소명 요청하는 경우도 있거든요. 최대한 구분해서 사용하면 증빙하기가 편리해집니다.

2 / 사업용 신용카드 등록 시기 및 방법

1) 등록 시기

사업자등록 직후 사업용으로 사용하는 카드를 모두 등록해주세요. 사업자등록은 4월에 했는데, 사업용 신용카드 등록은 6월에 한다면? 국세청 홈택스에서는 6월의 카드 내역부터 확인 가능합니다. 4월, 5월 내역은 자동으로 넘어오지 않습니다. 두 달 동안 카드로 쓴 비용이 누락되면, 부가가치세 매입세액공제를 받을 수 있는 금액이 줄기 때문에 납부할 부가가치세가 늘어납니다. 또한 종합소득세 필요경비로 반영되는 금액이 줄기 때문에 납부할 소득세도 늘어납니다. 종합소득세 순이익이 늘어나면 납부할 건강보험료도 늘어나게 되지요.

또한 카드를 교체하거나, 새로운 카드를 발급받았다면 바로 등록해주세요. 등록을 늦게 하면 해당 기간의 비용도 누락됩니다. 물론 카드사에서 '세금 신고용 엑셀 파일'을 다운로드해 누락된 비용을 반영할 수 있습니다. 하지만 매우 번거로운 일일뿐더러, 해당 기간의 자료가 누락됐는지 모르고 지나갈 가능성도 큽니다.

2) 등록 방법

사업용신용카드 등록

○ **개인신용정보의 제공 동의서**

내용접기 ∧

· **[사업용 신용카드 등록제]란?**
- 개인사업자가 사업용 물품을 구입하는 데 사용하는 신용카드를 국세청 홈택스 홈페이지에 등록하는 제도입니다.

· **사업용 신용카드 등록제 이용시 혜택**
- 사업자는 부가가치세 신고시 매입액공제를 받기 위한 신용카드매출전표 등 수령명세 작성이 폐지됨에 따라 시간과 비용이 대폭 감축됩니다.

· **동의내용**
- 「금융실명거래 및 비밀보장에 관한 법률」 제4조 및 「신용정보의 이용 및 보호에 관한 법률」 제32조 및 33조의 규정에 불구하고 본인이 국세청에 등록하는 사업용신용카드의 거래정보자료를 신용카드업을 영위하는 자가 국세청장에게
  제출하는 것을 동의합니다.

상기 내용에 대해　　　　　　　　　　　　　　　　　　　　　□ 동의함

사업자등록번호	사업자등록번호 선택 ∨
상호	

○ **사업용신용카드번호**

*카드번호 (최대50장)	선택 ∨	□ - ◉ - ◉ - □

※ 대표자 또는 기업 명의의 신용카드·체크카드만 입력해 주십시오.

○ **휴대전화번호**

*휴대전화번호	010 ∨ - □ - ◉

※ 카드번호 오류시 SMS발송을 위한 휴대전화번호를 반드시 입력해 주십시오.
※ 카드번호를 모두 삭제시 휴대전화번호도 삭제됩니다.

[취소하기]　　　　　　　　　　　　　　　　[조회]　[등록접수하기]

사업용신용카드 등록내역

선택항목 삭제 −

□	카드구분	카드번호	등록요청일

< 이전　1　다음 >　　　　　　　　　　총 0건

국세청 홈택스 [계산서·영수증·카드] → [신용카드 매입] →
[사업용 신용카드 등록 및 조회]로 들어가주세요.

카드사와 카드번호, 연락처를 입력한 후 '등록접수하기'를
클릭합니다. 보통 등록요청일의 다음 달 초에 카드 확인 후 등록이
완료됩니다. 예를 들어 10월에 카드를 등록하면 등록요청일은 10월이
되고 카드확인일은 11월 초가 됩니다. 카드사용내역은 등록요청일이
속하는 10월분부터 홈택스에 뜨게 되는데요. 해당 월의 구체적인
카드사용내역은 다음 달 15일에 홈택스에서 확인할 수 있습니다. 즉,
10월 카드 내역은 11월 15일쯤 확인이 가능합니다.

Q. 카드 사용 내역에 해외 광고비가 안 떠요.

A. 국세청 홈택스에서 불러오는 카드 내역은 '국내에서 결제'된
내역입니다. 사업용 신용카드로 등록을 하더라도, 해외가맹점을 통해
결제된 내역은 자동 반영되지 않습니다. 해외 광고비 같은 해외 결제
내역이 있는 경우 부득이하게 카드사에서 '세금 신고용 엑셀 파일'을
받아 처리해야 합니다.

（4）사업용 신용카드와 사업용계좌 등록하기

3 / 사업용계좌 등록을 하는 이유

　　사업용계좌란 개인용 거래가 아닌 '사업용 거래'에 사용하는 계좌를 말합니다. 사업용계좌는 거래대금을 결제하거나 결제받을 때, 인건비와 임차료를 지급하거나 지급받을 때 사용해야 합니다. 국세청은 사업용계좌를 통해 개인사업자의 금융거래내역을 확인하고, 세금계산서 등의 증빙과 사업용계좌의 내역을 대조할 수 있습니다.

　　사업용계좌를 은행에서 새로 만들 필요는 없습니다. 기존에 사용하던 계좌를 '사업용'으로 쓰겠다고 정하면 됩니다. 개인용' 계좌와 '사업용' 계좌를 구분만 잘하면 돼요.

　　개인사업자 중에 복식부기의무자는 반드시 사업용계좌를 사용해야 합니다. 복식부기의무자란 업종별로 직전연도 수입금액이 7,500만 원 이상, 1억5,000만 원 이상, 3억 원 이상인 사업자를 말합니다.

업종별	직전연도 수입금액
가. 농업·임업 및 어업, 광업, 도매 및 소매업(상품중개업을 제외한다), 부동산매매업, 아래(나, 다)에 해당하지 아니하는 사업	3억 원 이상
나. 제조업, 숙박 및 음식점업, 전기·가스·증기 및 공기조절 공급업, 수도·하수·폐기물처리·원료재생업, 건설업(비주거용 건물 건설업은 제외), 부동산 개발 및 공급업(주거용 건물 개발 및 공급업에 한정), 운수업 및 창고업, 정보통신업, 금융 및 보험업, 상품중개업, 욕탕업	1억 5,000만 원 이상

다. 부동산 임대업, 부동산업(부동산매매업 제외), 전 문·과학 및 기술 서비스업, 사업시설관리·사업지 원 및 임대서비스업, 교육 서비스업, 보건업 및 사 회복지 서비스업, 예술·스포츠 및 여가관련 서비 스업, 협회 및 단체, 수리 및 기타 개인 서비스업, 가구내 고용활동	7,500만 원 이상

단, 전문직사업자는 무조건 복식부기의무자입니다. 부가가치세법 시행령에 따르면 전문직사업자란 "변호사업, 심판변론인업, 변리사업, 법무사업, 공인회계사업, 세무사업, 경영지도사업, 기술지도사업, 감정평가사업, 손해사정인업, 통관업, 기술사업, 건축사업, 도선사업, 측량사업, 공인노무사업, 의사업, 한의사업, 약사업, 한약사업, 수의사업과 그 밖에 이와 유사한 사업서비스업"을 가리킵니다.

복식부기의무자만 사업용계좌를 의무적으로 등록하면 되지만, 나도 모르게 복식부기의무자가 돼 있는 경우가 꽤 많습니다. 사업자등록과 동시에 사업용계좌를 등록해 세금감면을 못 받는 등의 불이익이 없도록 하는 게 좋습니다

복식부기란?

사업자는 장부를 써야 하는데, 장부는 간편장부와 복식부기, 크게 두 종류가 있습니다.

간편장부는 가계부처럼 쓰는 것이라 작성이 쉽지만, 장부 기록이 잘되고 있는지 자가 검증은 불가능합니다. 반면 복식부기는 거래의 원인과

(4) 사업용 신용카드와 사업용계좌 등록하기

결과를 함께 적는 방법이라 작성하기 어렵지만 장부기록이 잘되고

있는지 자가 검증이 가능합니다.

쉽게 말해 노트북을 사기 위해 100만 원을 썼을 때

간편장부는

경비 100만 원(노트북)

이라고 쓰면 끝나지만,

복식부기는

1) 신용카드로 결제했을 때

자산(노트북) 100만 원 | 미지급금(신용카드) 100만 원

2) 신용카드 대금이 결제됐을 때

미지급금(신용카드) 100만 원 | 보통예금(A 통장) 100만 원

이런 식으로 기재하는 겁니다.

1부 사업자등록과 기본 준비

4 / 사업용계좌 신고기한 및 등록 방법

1) 신고기한

최초 신고는 복식부기의무자에 해당하는 과세기간의 개시일부터 6개월 이내이고, 변경 및 추가 신고는 5월 31일까지(성실신고확인대상사업자는 6월 30일까지)입니다.

예를 들어 도소매업을 하고 있다면, 2026년 수입금액이 3억 원을 넘었을 때 2027년 1월 1일부터 복식부기의무자가 됩니다. 복식부기의무자에 해당하는 과세기간의 개시일이 2027년 1월 1일이니, 6월 30일까지 사업용 거래에 사용하는 계좌를 국세청 홈택스에 등록해야 합니다. 세무서에서 안내를 해주긴 하지만, 안내문을 놓치는 경우도 있고, 뭘 해야 하는지 몰라 그냥 넘어가는 경우도 있습니다. 사업용계좌 등록을 하지 않으면 큰 불이익이 있으니 본인이 복식부기의무자에 해당하는지 체크한 다음 사업용계좌를 등록해두세요.

사업용계좌를 변경하거나 추가할 경우 해당 사업연도의 종합소득세 신고기한까지만 사업용계좌를 변경 및 추가 신고하면 됩니다. 예를 들어 2026년에 사업용계좌를 변경했다면, 2027년 5월 31일까지 사업용계좌 변경 신고를 하시면 됩니다.

2) 등록 방법

국세청 홈택스 [증명·등록·신청] → [세금관련 신청·신고 공통분야] → [사업용·공익법인전용 계좌 개설/조회] → [사업용·공익법인전용 계좌 개설/해지]로 들어갑니다.

사업용·공익법인전용 계좌 개설관리

* 기본인적사항, 계좌구분을 입력한 후 [조회하기]버튼을 반드시 클릭합니다.
* 계좌개설을 하려면 [계좌추가]를 클릭한후 계좌정보를 입력하고 [신청하기]버튼을 클릭합니다. 계좌해지를 하려면 목록에서 체크한 후 [계좌삭제]버튼 클릭 후 [신청하기]를 클릭합니다.
* 각 종 저축은행의 경우 은행명을 [저축은행]으로 선택합니다.
* 신청결과는 [국세증명 · 사업자등록 세금관련 신청/신고>세금관련 신청 · 신고 공통분야>사업용 · 공익법인 계좌 개설/조회>사업용계좌 신고 현황 조회]에서

사업용계좌 신고시 유의사항

* 복식부기의무자는 모든 사업장에 대하여 사업장별로 각각 사업용계좌를 신고하여야 합니다.
* 사업용계좌 신고 시에는 사업자등록번호를 선택하여 신고하여야 합니다. 다만, 사업자등록번호가 없는 인적용역사업자는 주민등록번호로 신고합니다.
* 사업자등록한 사업자가 주민등록번호로 신고한 경우 미신고에 해당되어 가산세 부과 및 세액감면이 배제될 수 있으니 주의하시기 바랍니다.
* 환급계좌개설 신청은 납부고지 · 환급>국세환급>환급계좌개설 신고/변경 신고 화면에서 신청하시기 바랍니다.

공익법인계좌 신고시 유의사항

* 공익법인 전용계좌개설 신고는 본점 또는 주사무소 사업자번호로 지점별 계좌를 포함하여 신고하여야 합니다.

기본 인적 사항

납세자구분	○ 주민등록번호 ● 사업자등록번호
* 사업자등록번호	-선택- ∨
상호	
대표자명	
전화번호(휴대전화번호)	- -
이메일	@ 직접입력 ∨

※ 개인정보 유출 가능성을 사전 차단하기 위해 일부 정보를 마스킹(●●●●) 처리하였습니다. 해당 칸을 마우스로 클릭하면 입력된 정보를 확인할 수 있습니다.

신청내용

* 계좌구분	○ 사업용계좌 ○ 공익법인계좌	정보 공개여부	○ 여 ● 부 ❶ 정보 공개 대상 : 계좌번호
계좌번호	❶ 기 등록된 계좌가 많아 계좌 해지가 어려운 경우 해지가 필요한 계좌번호를 '-' 없이 전체를 입력하여 주시기 바랍니다.		

계좌추

☐	계좌상태	계좌구분	은행명	계좌번호	등록일자

《 맨처음 〈 이전 다음 〉 맨뒤로 》 총0건(1/1)

1부 사업자등록과 기본 준비

계좌추가를 누른 후, 은행명을 선택하고 계좌번호를 입력하세요. 이후 신청하기를 누르시면 사업용계좌 등록이 완료됩니다. 사업용계좌 등록은 1분이면 충분합니다.

5 / 사업용계좌를 사용하지 않았다면

사업용계좌를 신고하지 않았거나, 신고해두고 제대로 사용하지 않았다면 여러 가지 불이익을 당하게 됩니다.

1) 미신고 가산세

사업용계좌 신고를 안 한 경우라면,

① 해당 과세기간의 수입금액 × (미신고기간 / 365) × 0.2%

② 거래대금, 인건비, 임차료 등 거래금액의 합계액 × 0.2%

① ② 중 큰 금액을 가산세로 납부해야 합니다.

도소매업을 하는 복식부기의구자라면 매출이 최소 3억 원 이상입니다. 3억 원의 0.2%는 60만 원이죠. 사업용계좌 등록을 안 했다는 이유로 최소 60만 원 이상의 가산세가 나올 수 있습니다.

2) 미사용 가산세

거래대금, 인건비, 임차료 등을 주고받을 때 사업용계좌를 사용하지 않은 경우, 사업용계좌를 사용하지 않은 금액의 0.2%가 가산세로 나옵니다.

(4) 사업용 신용카드와 사업용계좌 등록하기

3) 조세특례제한법 감면 배제

사업용계좌를 개설하지 않으면 해당 과세기간에 대해서는 최대 100% 세액감면이 가능한 '창업중소기업 등에 대한 세액감면'이나 '중소기업에 대한 특별세액감면' 등 조세특례제한법상 감면을 적용하지 못합니다. 가산세보다도 더 무서운 불이익입니다.

4) 정기세무조사 성실성 요건(국세기본법 시행령)

수입금액 요건과 성실성 요건을 갖춘 '소규모 성실사업자'는 정기세무조사를 면제합니다. 사업용계좌를 개설해서 사용하는 것도 성실성 요건 중 하나입니다. 사업용계좌를 제대로 사용하지 않으면 세무조사를 받을 수 있다는 뜻이지요.

정기세무조사를 받지 않을 수 있는 요건은 다음과 같습니다.

수입금액 요건

복식부기의무자가 아닌 경우 업종별 수입금액 7,500만 원 미만, 1억5,000만 원 미만, 3억 원 미만

성실성 요건(모두 충족)

· 복식부기방식으로 장부를 기록, 관리
· 신용카드 가맹점, 현금영수증 가맹점에 모두 가입하고 발급 거부 등이 없을 것
· 사업용계좌 개설하여 사용
· 전자(세금)계산서를 발급하고 미교부 등이 없을 것

· 최근 3년간 조세범으로 처벌받은 사실이 없을 것

· 국세의 체납사실이 없을 것

(4) 사업용 신용카드와 사업용계좌 등록하기

현금영수증 가맹점 등록하기

현금영수증

사업자가 물품이나 서비스를 팔고 그 대금을 현금으로 받았을 때
발급하는 영수증.
발급 시 자동으로 국세청에 사업자의 매출로 통보된다.

현금영수증 가맹점

의무가입 개인사업자:

소비자가 1원 이상의 거래대금에 대한
현금영수증 발급을 요청하면 발급 의무 있음.

현금영수증

의무발행업종 개인사업자:

소비자로부터 10만 원 이상(부가가치세 포함)의
거래대금을 현금으로 받았다면,
현금영수증 발급 요청이 없어도
발급 의무 있음.

현금영수증 가맹점 가입 시기

- 가맹점 요건에 해당하는 날부터 60일 이내
- 직전 과세기간의 수입금액이 2,400만 원 이상이라면 3월 31일까지

현금영수증 가맹점의 의무를 다하지 않았을 때

- 가맹점으로 가입하지 않았거나 기한이 지나서 가입한 경우: 수입금액 X (미가입기간 / 365) X 1% 가산세
- 발급 거부 또는 사실과 다르게 발급한 경우: 거부 금액 또는 사실과 다르게 발급한 금액의 5% 가산세
- 의무발행업종이 10만 원 이상 거래에 발급하지 않은 경우: 미발급금액의 20% 가산세. 자진 신고 및 자진 발급은 10% 가산세

(5) 현금영수증 가맹점 등록하기

1 / 현금영수증이란?

사업자가 물품이나 서비스를 팔고 **그 대금을 현금으로 받은 경우 물품이나 서비스를 산 사람에게 현금영수증 발급장치에 의해 발급하는 것입니다.** 현금영수증에는 거래일시, 금액 등 결제내역이 기재돼 있습니다.

현금영수증 제도는 사업자의 매출 양성화를 위해 도입됐습니다.
 사업자가 현금 매출을
누락할 수 없게 되는 거죠.

2 / 현금영수증을 발급해야 하는 사업자

1) 현금영수증 가맹점으로 가입해야 하는 개인사업자

소득세법과 소득세법 시행령에 의하면, "주로 사업자가 아닌
소비자에게 물품이나 서비스를 공급하는 사업자"로서, 다음 중 하나에
해당하는 사업자입니다.

- 직전 과세기간의 수입금액이 2,400만 원 이상인 사업자
- 「의료법」에 따른 의료업, 「수의사법」에 따른 수의업 및
  「약사법」에 따라 약국을 가설하여 약사에 관한 업을 행하는
  사업자
- 변호사업, 심판변론인업, 변리사업, 법무사업, 공인회계사업,
  세무사업, 경영지도사업, 기술지도사업, 감정평가사업,
  손해사정인업, 통관업, 기술사업, 건축사업, 측량사업,
  공인노무사업, 의사업, 한의사업, 약사업, 한약사업,
  수의사업과 그 밖에 이와 유사한 사업서비스업을 하는
  사업자(부가가치세법 시행령 109조②7에 따른 사업자 중

(5) 현금영수증 가맹점 등록하기

도선사업 제외)

- 현금영수증 의무발행업종을 영위하는 사업자

현금영수증 가맹점 가입 대상 사업자는 소비자로부터 1원 이상의 거래대금을 현금으로 받고, 소비자가 '현금영수증 발급을 요청'하는 경우 현금영수증을 발급해야 합니다. 현금영수증 의무발행업종이 아니라면, 소비자의 현금영수증 발급 요청이 없을 때는 현금영수증 발급을 하지 않아도 됩니다.

2) 현금영수증 의무발행업종

현금영수증 의무발행업종이라면 강화된 규제가 적용됩니다. 소비자로부터 10만 원 이상(부가가치세 포함)의 거래대금을 현금으로 받았다면, 소비자가 현금영수증 발급을 요청하지 않더라도 현금영수증을 발급해야 합니다.

즉, 현금영수증 의무발행업종을 하는 사업자라면 1원 이상~10만 원 미만의 거래에 대해서는 소비자가 현금영수증 발급을 요청할 경우 현금영수증을 발급하고, 10만 원 이상의 거래에 대해서는 무조건 현금영수증을 발급해야 합니다.

현금영수증 의무발행업종은 크게 사업서비스업, 보건업, 숙박 및 음식점업, 교육 서비스업, 통신판매업, 그 밖의 업종이 있는데, 자세한 내용은 '소득세법 시행령 별표3의3'을 검색해보세요.

1부 사업자등록과 기본 준비

3 / 현금영수증 가맹점 가입 방법

1) 가입 시기

현금영수증 가맹점 요건에 해당하는 날부터 60일 이내 가입해야 합니다. 세무사업을 하는 저처럼, 전문직사업자의 경우 사업을 시작하자마자 60일 이내에 현금영수증 가맹점에 가입해야 합니다.

직전 과세기간의 수입금액을 기준으로 하는 경우, 3월 31일까지입니다. 예를 들어, 현금영수증 의무발행업종이 아닌 음식점업을 2026년에 개업했다면, 직전 과세기간의 수입금액이 없기 때문에 당장 현금영수증 가맹점 가입을 하지 않아도 됩니다. 또 2026년에 사업을 해봤더니 매출이 2,400만 원 미만이라면 현금영수증 가맹점 가입을 안 해도 됩니다. 그런데 2026년에 매출이 2,400만 원 이상이라면 해가 지는 2027년 3월 31일까지 현금영수증 가맹점으로 가입해야 합니다.

2) 가입 방법

사업장에 포스기를 둔다면, 신용카드 가맹점 및 현금영수증 가맹점으로 자동 가입됩니다. 포스기가 없는 경우 다음 세 가지 방법 중 하나로 간편하게 가맹점 가입을 할 수 있습니다.

(5) 현금영수증 가맹점 등록하기

국세청 홈택스

국세청 홈택스 → [계산서·영수증·카드] → [현금영수증(가맹점)]

→ [발급] → [현금영수증 발급 사업자 신청 및 수정]

현금영수증 홈택스 발급 사업자 신청 및 정보 수정

현금영수증을 발급하고자 하는 사업자(가맹점)가 홈택스를 통해 현금영수증을 발급할 수 있도록 신청하는 화면입니다.

- 홈택스 현금영수증 발급 시스템과 관련하여 연락 가능한 담당자 정보를 정확하게 입력해주세요.
- 승인 여부가 처리되면 입력한 가맹점 담당자 연락처로 안내SMS가 발송되고, SMS수신 후 홈택스를 통해 현금영수증을 발급할 수 있습니다.
- 현금영수증 발급시스템 [현금영수증 건별(일괄)발급] 화면에서 현금영수증 발급이 가능합니다.
- 기존 신용카드단말기 또는 인터넷현금영수증사업자 등을 통해 가맹점에 가입한 사업자가 아닌 경우 현금영수증 홈택스 발급 사업자 신청 완료 시 현금영수증가맹점에 가입되며 승인문자가 발송됩니다.

○ 가맹점 정보

사업자등록번호	810-02-01846	상호	라움세무회계
대표자명	김현주	사업장주소	서울특별시 마포구 월드컵북로
현금영수증 가맹여부	여	현금영수증 가입일	2020-07-01

○ 가맹점 현금영수증 담당자 정보

사업장 전화번호	02-332-7124		
*가맹점 담당자명	김현주	*가맹점 담당자 연락처	010 ∨ - 6421
처리상태	승인	처리내용	정상 승인되었습니다.

○ 현금영수증 가맹점이 지켜야 할 사항 고시

- 제1조(현금영수증의 발급)
  ① 현금영수증가맹점은 재화 또는 용역을 공급하고 그 대금을 현금으로 받는 경우 공급받는 자가 현금영수증 발급을 요청하는 경우에는 반드시 현금영수증을 발급하여야 한다.
  ② 현금영수증을 취소하는 경우 당초 승인거래의 승인번호, 승인일자, 취소사유를 확인하여 취소하여야 한다.
  ③ 소비자가 현금영수증을 요청하지 않아 「소득세법 시행령」 제210조의3제10항 및 「법인세법 시행령」 제159조의2제8항에 따라 무기명으로 발급하는 경우에는 공급받는 자의 휴대전화번호 등이 아닌
- 제2조(현금영수증가맹점 표지 게시) 현금영수증가맹점은 현금영수증가맹점을 나타내는 별표 양식의 표지를 다음 각 호의 장소에 게시하여야 한다.
  ① 계산대가 있는 사업장 : 계산대나 계산대 근처의 벽·천정(천정걸이 사용) 등 소비자가 잘 볼 수 있는 곳
  ② 계산대가 없는 사업장 : 사업장 출입문 입구나 내부에 소비자가 잘 볼 수 있는 곳
- 제3조(추가요금) 현금영수증가맹점은 현금영수증 발급을 이유로 재화 또는 용역의 공급대가 이외에 어떠한 명목의 추가요금을 소비자에게 부담하게 해서는 안 된다.
- 제4조(금지행위) 현금영수증가맹점은 다음 각 호의 어느 하나에 해당하는 행위를 해서는 안 된다.
  ① 재화 또는 용역의 공급 없이 거래를 한 것으로 가장하여 현금영수증을 발급하는 행위
  ② 재화 또는 용역의 공급대가를 초과하여 현금영수증을 발급하는 행위
  ③ 다른 현금영수증가맹점 명의로 현금영수증을 발급하는 행위
  ④ 현금영수증가맹점의 명의를 타인에게 대여하는 행위
  ⑤ 현금영수증을 발급한 후 정당한 사유 또는 소비자의 동의 없이 현금영수증 발급을 취소하는 행위
  ⑥ 무기명으로 발급된 현금영수증을 거래상대방이 아닌 타인에게 교부하는 행위
  ⑦ 기명으로 발급된 현금영수증을 정당한 사유 없이 발급 취소하고 거래상대방이 아닌 타인에게 재발급하는 행위

발급메인

모바일 홈택스(손택스)

손택스 → [전자(세금)계산서·현금영수증·신용카드] →
[현금영수증(가맹점)] → [현금영수증 발급 사업자 신청]

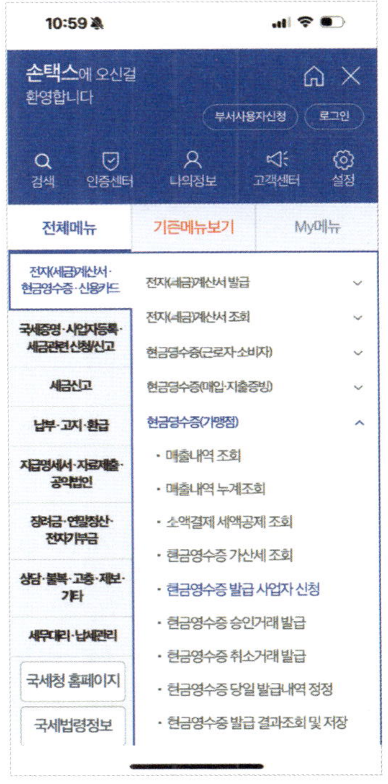

국세청 ARS

전화 126 → 1(홈택스 상담) → 1(한국어) → 4(가맹점 현금영수증 발급서비스) → 사업자번호 입력 – 1(비밀번호 설정 시 본인인증) → 1(가맹점 가입)

（5）현금영수증 가맹점 등록하기

4 / 현금영수증 가맹점의 의무를 다하지 않았다면

현금영수증 가맹점에 가입해야 하는 사업자가 가입하지 않으면 세액감면을 받을 수 없고, 장부를 안 썼을 때 단순경비율을 적용받을 수 없습니다. 창업중소기업 세액감면 같은 기회를 놓치면 엄청 억울하겠죠? 현금영수증 가맹점에 미리미리 가입해두시길 권해드립니다.

1) 현금영수증 가맹점으로 가입하지 않았거나, 가입기한이 지나서 가입한 경우

수입금액(현금영수증 가맹점 가입대상 업종) × (미가입기간 / 365) × 1%가 가산세로 나옵니다.

2) 현금영수증 발급을 거부하거나, 사실과 다르게 발급해 세무서장으로부터 신고금액을 통보받은 경우

통보받은 건별 발급 거부 금액 또는 사실과 다르게 발급한 금액의 5%가 가산세로 나옵니다. 단, 현금영수증 발급대상 금액이 5,000원 이상인 경우만 해당됩니다.

1부 사업자등록과 기본 준비

3) 현금영수증 의무발행업종이 건당 거래금액 10만 원 이상의 거래에 대해 현금영수증을 발급하지 않은 경우

미발급금액의 20%가 가산세로 나옵니다. 단, 착오나 누락으로 인해 거래대금을 받은 날부터 10일 이내에 자진 신고 및 자진 발급할 경우 가산세는 미발급금액의 10%입니다.

(5) 현금영수증 가맹점 등록하기

2부
매출과 발급

사업자는 누구나 세금계산서를 발급해야 하나요?

세금계산서는 사업자의 '매출'이 발생할 때 발급합니다. 그래야 국세청에 매출이 자동으로 통보되지요. 세금겨산서, 계산서, 신용(체크)카드, 현금영수증은 매출을 증빙하는 동일한 효과가 있기 때문에 넷 중 어떤 증빙을 발급해도 상관없습니다.

매출을 누락하면 세무서가 어떻게 아나요?

세금계산서, 신용(체크)카드, 현금영수증 등 국세청에서 집계하는 매출을 누락할 경우에는 바로 알 수 있고요. 인터넷 사이트나 결제대행업체(PG사)에서 발생하는 매출이 있는 경우, 각 사이트에서 국세청으로 매출 자료를 보내기 때문에 국세청에서 알 수 있습니다. 계좌이체 매출이나 현금 매출은 당장 드러나진 않지만, 계좌이체의 경우 문제가 됐을 때는 통장 입금내역이 매출이 아니라는 걸 전부 소명하라고 하고요. 현금으로 받은 매출의 경우 주로 소비자의 현금영수증 미발급 신고나 내부고발자의 제보로 드러납니다.

매출과 세무

매출을 부르는 다양한 이름

부가가치세 기준	종합소득세 기준
일반과세자: 공급가액(부가가치세 제외)	총수입금액
간이과세자: 공급대가(부가가치세 포함)	
면세사업자: 수입금액	

매출이 발생할 때 갖춰야 할 증빙

1. 세금계산서(종이로 발급한 것 포함)

2. 계산서(종이로 발급한 것 포함)

3. 신용(체크)카드(여신금융협회 홈페이지에서도 조회 가능)

4. 현금영수증

5. 각 사이트 매출: 오픈마켓 및 소셜커머스, 결제대행업체,
   배달대행업체, 유튜브, 에어비앤비 등(사이트별로 별도 계산)

6. 수출 매출(수출신고필증, 인보이스 등을 통해 별도로 매출을 잡아야 함)

7. 계좌이체 매출, 현금 매출(자발적 신고, 추후 가장 문제가 됨)

매출을 누락했을 때 가산세

부가가치세 및 소득세 가산세

- 무신고: 납부세액의 20%
- (일반) 과소신고: 납부세액의 10%
- (부정) 과소신고: 납부세액의 40%
- 납부지연: 납부세액의 연 8.03%

현금영수증 미발급가산세: 거래대금의 20%

1 / 매출을 부르는 다양한 이름

세무에서 '매출'을 부르는 이름은 다양합니다. 부가가치세 기준으로는 공급가액(일반과세자), 공급대가(간이과세자), 수입금액(면세사업자)라는 말을 쓰고요. 종합소득세 기준으로는 총수입금액이라고 합니다. 고객에게 받는 돈은 여러 이름으로 분류돼 세금 계산의 시작이 됩니다.

고객에게 물건이나 서비스를 팔고 100만 원을 받았다고 가정해보겠습니다.

1) 일반과세자가 받는 돈

일반과세자가 받은 100만 원에는 부가가치세 10%가 포함돼 있습니다. 이를 매출과 부가가치세로 나누면, 다음과 같습니다.

부가가치세 공급가액 (⇒ 소득세 '총수입금액')	× 세율	= 세액
909,091원	10%	90,909원

이때 일반과세자의 매출 909,091원은 공급가액이라는 단어로

부가가치세 신고서에 들어가게 됩니다. 공급가액은 부가가치세가 제외된 매출이며, 부가가치세 신고가 끝나고 확정된 매출은 종합소득세 신고서의 '총수입금액'에 들어가게 됩니다.

2) 간이과세자가 받는 돈

간이과세자라면 고객에게서 받은 100만 원에는 부가가치세 1.5%~4%가 포함돼 있습니다.

공급대가 (⇒ 소득세 '총수입금액')	× 부가율	× 세율	= 세액
1,000,000원	업종별 15%, 20%, 25%, 30%, 40%	10%	업종별 15,000원, 20,000원, 25,000원, 30,000원, 40,000원

간이과세자가 받는 돈 100만 원은 '공급대가'라는 단어로 부가가치세 신고서에 들어갑니다. 공급대가는 부가가치세가 포함된 매출이며, 부가가치세 신고가 끝나고 확정된 매출은 종합소득세 신고서의 '총수입금액'에 들어가게 됩니다.

3) 면세사업자가 받는 돈

면세사업자가 받는 돈에는 부가가치세가 포함돼 있지 않습니다. 면세사업자는 부가가치세 신고 대신, 1년에 한 번, 매년 2월 10일까지 '사업장현황신고'를 해야 합니다. 이때 수입금액(매출액)을 신고합니다.

즉 부가가치세 신고를 할 때, 면세사업자 사업장현황신고를 할
때 집계한 사업자의 매출은 부가가치세 계산 및 종합소득세 계산의
시작이 됩니다. 매출이 누락되면, 부가가치세도, 종합소득세도 덜 내는
게 되겠죠? 내야 할 세금을 덜 내면, 세금을 내라는 국세청의 연락을
받게 됩니다.

2 / 매출 누락의 요인

매출을 누락하지 않는 건 세금 관리의 기본입니다. 본인도
모르게 실수로 매출을 누락하는 경우도 있지만, 고의적으로 매출을
누락했다가 문제가 생겨 도움을 요청하는 경우도 종종 봅니다. 어떨 때
사람들은 매출을 누락할까요?

세금계산서나 계산서, 신용카드, 현금영수증을 사용해
거래대금을 받는 경우 매출을 누락할 수가 없습니다. 이런 매출들은
세무서에서 전부 파악이 가능하기 때문에, 실수로 매출을 누락했다면
세무서에서 고지서를 보낼 겁니다. 결제대행업체를 이용하는 경우에도
결제대행업체가 국세청에 매출자료를 제출하기 때문에 세무서에서
전부 매출을 파악할 수 있습니다.

그런데 현금이나 계좌이체로 직접 거래대금을 받거나, 해외에서
거래대금을 받거나, 타 사업자의 명의로 신용카드매출전표를 발행하는
경우 국세청이 바로 해당 내역을 포착하기엔 어려움이 있습니다. 예를
들어, 소비자가 업장에서 현금 결제를 했다면, 사업자가 현금 결제

내역을 매출로 신고하지 않는 이상 국세청이 바로 알 수는 없다는 겁니다.

3 / 매출 누락을 찾아내는 방법

세무조사가 이뤄지면, 여러 가지 방식으로 매출을 찾아낼 수 있습니다. 실제로 여관업이 '매출 누락'으로 세무조사를 받았을 때 국세청은 칫솔 개수로 누락된 매출을 추정했습니다. 객실을 1회 이용할 때 칫솔 2개를 주는 업장이었는데요. 업장에서 구입한 칫솔 개수를 파악해 그 개수의 1/2이 고객의 객실 이용 횟수로 보고 객실 이용료를 곱해 매출액을 산정했습니다.

1) 소득률 저조

종합소득세 신고할 때 종합소득세 안내문에 '소득률 저조'라고 뜨는 분들이 있을 겁니다.

소득률이란 순이익(=소득금액)을 매출(=수입금액)로 나눈 비율입니다. 예를 들어 매출이 1억 원인데 순이익이 3,000만 원이면 소득률은 3,000만 원 / 1억 원 = 30%가 됩니다.

지속적으로 '소득률 저조'가 뜬다면, 세무조사의 위험이 있습니다. 실제로 사업에서 남는 게 많지 않다면 이를 증빙하면 되지만, 매출을 누락해 순이익이 낮게 신고된 경우 세무조사 대응이 어렵습니다.

(1) 매출과 세무

국세청에는 PCI 시스템이 있습니다. PCI 시스템이란 납세자의 재산property, 소비consumption, 소득income을 비교하고 분석하는 시스템입니다. 현금 매출을 누락해 신고한 소득은 낮은데 소득에 비해 과다한 소비를 하거나, 소득에 비해 재산이 많이 늘어났다면 자금출처 조사의 대상이 될 수 있습니다.

Ⅱ. 신고시 유의할 사항 안내

○ 개인별 유의사항

안내항목	안내항목설명
소득률 저조 안내	귀하의 2023년 귀속 주된 사업장*의 신고소득률(소득금액/수입금액)은 업종별·외형별·시군구별 평균소득률 대비 80% 미만입니다. 올해 종합소득세 신고 시 사업과 관련 없는 지출액을 필요경비에 포함하여 소득금액이 과소신고 되지 않도록 자세히 검토하여 신고하시기 바랍니다. * 주된 사업장: 수입금액이 가장 큰 사업장 (평균소득률 : 23.61%)

2) 탈세 제보

또 '중요한 자료'를 탈세 제보하면 포상금이 있습니다. 탈루세액이 5,000만 원 이상일 경우 추징한 탈루세액의 5~20%를 포상금으로 줍니다. 고객이나 내부 직원이 탈세 제보를 할 유인이 있다는 얘기입니다. 국세청은 2022년 한 해에만 17,777건의 탈세 제보가 접수됐다고 밝혔습니다. 늘 조심하시는 게 좋습니다.

그러면 실제로 제보는 언제 할까요? 탈세 제보의 대표적인 경우는 다음과 같습니다.

2부 매출과 발급

- 이중장부 작성, 차명계좌 사용 등의 방법으로 실제 매출을 축소해
  세금을 줄였을 때
- 가공의 인건비를 계상하는 방법 등으로 비용을 늘려 세금을
  줄였을 때
- 사업자 명의 외 타인 명의의 금융계좌를 활용해 현금수입을
  탈루했을 때
- 조세 회피 등을 목적으로 다른 사람의 이름을 사용해
  사업자등록을 했을 때
- 소비자가 현금영수증 발급을 요구했으나 발급받지 못했을 때
- 소비자가 신용카드 가맹점에서 신용카드 결제를 요구했으나 거부
  당했을 때

4 / 매출 누락을 했다면

매출 누락이 추후 발각되는 경우 다음과 같은 문제가
발생합니다.

1) 가산세

부가가치세와 소득세뿐만 아니라, 그에 대한 가산세가
발생합니다.

(1) 매출과 세무

- 무신고가산세: 무신고납부세액 × 20%

- (일반) 과소신고가산세: 과소신고납부세액 × 10%

- (부정) 과소신고가산세: 부정과소신고납부세액 × 40%

- 납부지연가산세: 과소신고납부세액 × 연 8.03%

　　여기서 '일반' 가산세는 착오로 매출을 누락하거나, 착오로 경비를 이중으로 계상하는 등의 경우를 가리킵니다. 반면 '부정' 가산세는 '사기나 그 밖의 부정한 행위'를 해서 세금을 줄였을 경우에 해당합니다. 즉, 실수로 누락한 게 아니라 '적극적'으로 세금을 안 내기 위한 조작을 한 경우 부정 가산세를 부과하는 것이죠.

　　이에 더해, 현금영수증 의무발행업종을 영위하는 사업자라면, 소득세를 신고할 때 현금영수증 미발급금액의 20%가 추가로 발생합니다. 예를 들어 현금영수증 의무발행업종 사업자가 2,000만 원의 현금 매출을 누락했는데, 1년 후에 적발됐다고 가정해보겠습니다.

	본세	가산세
부가가치세	2,000만 원 × 10% = 200만 원	(일반) 과소신고가산세: 200만 원 × 10% = 200,000원 납부지연가산세: 200만 원 × 8.03% = 160,600원
소득세	세율 15%일 때 2,000만 원 × 15% = 300만 원	(일반) 과소신고가산세: 300만 원 × 10% = 300,000원 납부지연가산세: 300만 원 × 8.03% = 240,900원 현금영수증 미발급 가산세: 2,000만 원 × 20% = 400만 원
	세율 24%일 때 2,000만 원 × 24% = 480만 원	(일반) 과소신고가산세: 480만 원 × 10% = 480,000원 납부지연가산세: 480만 원 × 8.03% = 385,440원 현금영수증 미발급 가산세: 2,000만 원 × 20% = 400만 원

당초에는 본세만 내면 됐지만 추후 현금 매출 누락이 적발되면 본세에 가까운 가산세를 내야 합니다. 소득세 세율은 누진적으로 적용되어 6%~45%인데, 앞의 사례에서 소득세 세율이 15%일 때 본세는 500만 원이며, 부가가치세 가산세와 소득세 가산세를 합하면 4,901,500원입니다. 소득세 세율이 24%일 때 본세는 680만 원이며, 부가가치세 가산세와 소득세 가산세를 합하면 5,226,040원입니다. 특히 현금영수증 미발급 가산세가 어마어마합니다.

(1) 매출과 세무

2) 조세범처벌법에 따른 형사처벌

조세범처벌법 제3조 6항에 따르면, 다음의 행위를 사기나 그
밖의 부정한 행위로 봅니다.

- 이중장부의 작성 등 장부의 거짓 기장
- 거짓 증빙 또는 거짓 문서의 작성 및 수취
- 장부와 기록을 파기
- 재산의 은닉, 소득·수익·행위·거래의 조작 또는 은폐
- 고의적으로 장부를 작성하지 아니하거나 비치하지 아니하는 행위
  또는 계산서, 세금계산서 또는 계산서합계표, 세금계산서합계표의
  조작
- 전사적 기업자원 관리설비의 조작 또는 전자세금계산서의 조작
- 그 밖에 위계에 의한 행위 또는 부정한 행위

사기나 그 밖의 부정한 행위라고 하면 '설마 내가 해당하겠어?'
생각하실 겁니다. 실제 사례를 하나 말씀드리겠습니다. 음식점
카운터에 현금을 계좌이체할 수 있는 계좌번호를 써뒀는데, 손님 중
한 명이 해당 계좌의 예금주가 벽에 걸려 있는 사업자등록상의 대표자
성명과 다르다며 차명계좌 신고를 했습니다. 이런 신고가 들어오면
세무서는 사업장에 '해명자료 제출 안내'를 보냅니다. 이때 사업자는
통장에 입금된 내역이 사업장의 매출이 아니라고 증명해야 하지만
그게 사업장 매출이 맞다면, 해명을 할 방법이 없습니다. 이 경우
세무조사를 받게 되며, 세금 탈루의 '고의성'이 발각되면 안 낸 세금과

2부 매출과 발급

가산세를 더 내는 것은 물론, 형사처벌을 받게 됩니다.

탈세 의도를 가지고 매출을 누락할 경우 2년 이하의 징역 또는 포탈세액등(포탈세액, 환급·공제받은 세액)의 2배 이하에 상당하는 벌금이 부과됩니다. 포탈세액등의 구모에 따라 최대 3년 이하의 징역 또는 포탈세액등의 3배 이하에 상당하는 벌금이 부과되기도 합니다. 매출 누락, 몰라서 별것 아니라고 생각하셨다면 이제는 그 위험성을 아셨을 거라 생각합니다. 제발 안전하게 사업해주세요.

세금계산서 발급하기

틀리면 안 되는 것 ★

<table>
<tr><td colspan="6" align="center">전자세금계산서</td><td colspan="2">승인번호</td></tr>
<tr><td rowspan="6">공급자</td><td>등록번호 ★</td><td colspan="2">810-02-01846</td><td>종사업장 번호</td><td></td><td rowspan="6">공급받는자</td><td>등록번호</td></tr>
<tr><td>상호 (법인명) ★</td><td colspan="2">디벨세무그룹</td><td>성명 ★</td><td>김현주</td><td>상호 (법인명)</td></tr>
<tr><td>사업장 주소</td><td colspan="4">서울특별시 강남구 논현로 522, 5층(역삼동, 용마빌딩)</td><td>사업장 주소</td></tr>
<tr><td>업태</td><td>서비스업</td><td>종목</td><td colspan="2">세무사업</td><td>업태</td></tr>
<tr><td rowspan="2">이메일</td><td colspan="4" rowspan="2">khj@raumtax.com</td><td>이메일</td></tr>
<tr><td>이메일</td></tr>
<tr><td colspan="2" align="center">작성일자 ★</td><td colspan="2" align="center">공급가액 ★</td><td colspan="2" align="center">세액 ★</td><td colspan="2">수정사유</td></tr>
<tr><td colspan="2">2024-04-30</td><td colspan="2">1,000,000</td><td colspan="2">100,000</td><td colspan="2">해당없음</td></tr>
<tr><td>월</td><td>일 ★</td><td colspan="2">품목</td><td>규격</td><td>수량</td><td colspan="2">단가</td></tr>
<tr><td>04</td><td>30</td><td colspan="2">용역 수수료(■■■ 상속세)</td><td></td><td></td><td colspan="2"></td></tr>
<tr><td></td><td></td><td colspan="2"></td><td></td><td></td><td colspan="2"></td></tr>
<tr><td></td><td></td><td colspan="2"></td><td></td><td></td><td colspan="2"></td></tr>
<tr><td></td><td></td><td colspan="2"></td><td></td><td></td><td colspan="2"></td></tr>
<tr><td colspan="2" align="center">합계금액</td><td colspan="2" align="center">현금</td><td colspan="2" align="center">수표</td><td colspan="2">어음</td></tr>
<tr><td colspan="2">1,100,000</td><td colspan="2"></td><td colspan="2"></td><td colspan="2"></td></tr>
</table>

세금계산서를 발급하는 날이 아니라,

재화나 용역을 공급한 날, 즉 세법상 '공급시기'.

94

20240430-10240430-32300996		
	종사업장 번호	
	성명	
	종목	
비고		

계산제세

공급가액 ⭐	세액 ⭐	비고
1,000,000	100,000	
외상미수금		
	이 금액을 (영수) 함	

거래를 할 때
상대방의 '사업자등록증'을
요청하는 이유.

필수 기재 사항은 아님.

돈을 안 받았을 때는 '청구',
돈을 받았을 때는 '영수'.
틀려도 세금계산서의
효력에는 영향 없음.

(2) 세금계산서 발급하기

세금계산서 발급 기한

다음 달 10일까지

ex) '11월분 세금계산서'의 작성일자는 11월 1~30일,
11월을 작성일자로 하는 세금계산서 마감일은 12월 10일.

마감일이 지나면?

- 지연발급: 다음 달 10일 이후 ~ 과세기간의 다음 달 25일
  (상반기 7/25, 하반기 1/25)까지 발급한 경우
  ⇒ 판매자 가산세 1%, 구매자 가산세 0.5%
- 미발급: 과세기간의 다음 달 25일까지 세금계산서를 발급 안 한 경우
  ⇒ 판매자 가산세 2%, 구매자 매입세액공제 불가

종이세금계산서

직전 연도의 공급가액이 8천만 원 이상인 개인사업자가
종이세금계산서를 발급할 경우
⇒ 판매자 가산세 1%, 구매자 가산세 없음.

수정세금계산서

- 부가가치세 수정신고가 필요한 경우
  기재사항 착오 정정 등, 착오에 의한 이중발급 등,
  내국신용장 등 사후 개설
- 부가가치세 수정신고가 필요하지 않은 경우
  공급가액의 변동, 계약의 해제, 환입(반품)

(2) 세금계산서 발급하기

1 / 세금계산서란?

세금계산서는 물건이나 서비스를 사고팔 때 부가가치세를 붙여서 거래했다는 증빙입니다. 발급 주체는 물건이나 서비스를 '파는 사람'입니다.

물건이나 서비스를 파는 사람은 세금계산서의 공급가액이 본인의 매출이 됩니다. 물건이나 서비스를 사는 사람은 세금계산서의 공급가액이 본인의 비용이 됩니다. 세금 계산의 기초가 되는 자료이기 때문에 필수적으로 들어가야 하는 기재사항이 있으며, 발급 시기도 정해져 있습니다. 기재사항을 잘못 기재하거나 발급 시기보다 늦게 발급할 때는 가산세가 발생합니다.

계산서란?

세금계산서가 부가가치세 '과세' 사업자가 발급하는 증빙이라면, 계산서는 부가가치세 '면세' 사업자가 발급하는 증빙입니다. 세금계산서와 다른 점은 부가가치세가 붙어 있지 않다는 점이죠. 계산서를 보시면, 세금계산서와 달리 '세액'이 별도로 없는 걸 보실 수 있습니다. 면세사업자는 소비자로부터 부가가치세를 받거나, 부가가치세를 신고 납부하지 않기 때문에 세액이 별도로 구분돼 있지 않은 계산서를 발급한다는 것 알아두세요.

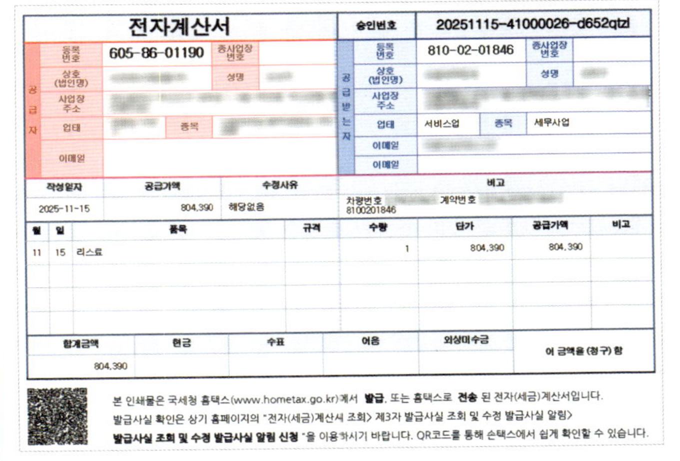

1) 필요적 기재사항

공급자의 등록번호와 성명 또는 명칭

물건이나 서비스를 '파는 사람'의 등록번호와 성명 또는

명칭입니다.

공급받는 자의 등록번호

물건이나 서비스를 '사는 사람'의 등록번호입니다.

사업자등록증이 없는 개인도 세금겨 산서를 받을 수 있는데, 이때는

등록번호 대신 주민등록번호를 입력하면 됩니다.

(2) 세금계산서 발급하기

공급가액과 부가가치세액

- 공급가액 = 매출
- 부가가치세액 = 부가가치세

만약 물건을 판매하고 110만 원을 받았다면, 공급가액은 100만 원, 부가가치세액은 10만 원이 됩니다.

작성일자

작성일자는 매출이 인식되는 시기입니다. 세금계산서 관련 가산세의 대부분은 작성일자 때문에 발생합니다.

소비자에게 물건을 주지도 않았는데, 소비자가 돈부터 줬다면 돈을 받았을 때 매출을 인식해야 할까요? 나중에 물건을 줄 때 매출을 인식해야 할까요? 정답은 물건을 줄 때입니다. 세법은 매출 인식 시기를 정해두고 있습니다.

2) 발급 시기

세금계산서 발급 시기는 원칙적으로 재화 또는 용역의 공급시기이며, 다양한 예외 규정이 있습니다. 전부 기억하기 어렵다면, 해당 월의 세금계산서는 늦어도 다음 달 10일까지 발급해야 한다는 것만 기억해두세요.

재화(물건)의 공급시기

재화의 이동이 필요한 경우에는 재화가 인도되는 때입니다.

대가를 실제로 받았는지 안 받았는지와는 무관합니다. 예를 들어,
물건을 판매한 경우라면 물건이 상대방에게 넘어갔을 때가 매출로
인식되는 시기입니다.

　1년 이상 장기할부 판매라면? 대가의 각 부분을 받기로 한 때, 즉
할부금을 지급하는 날이 공급시기입니다. 이 역시 대가 수령 여부와는
무관합니다.

용역(서비스)의 공급시기

　용역의 제공이 완료되는 때, 시설물, 권리 등 재화가 사용되는
때입니다. 부동산 임대와 같이 계속적으로 용역을 공급하는 경우라면,
대가의 각 부분을 받기로 한 때, 즉 계약상 정기적으로 대가를 받기로
한 날입니다. 예를 들어, 폐업 전에 공급한 전기에 대한 비용은 폐업일
이후에 청구되는데, 그때는 폐업일이 공급시기가 됩니다.

세금계산서 발급일을 공급시기로 보는 '특례'

- 공급시기가 되기 전에 대가의 전부 또는 일부를 받고, 그 받은
  대가에 대해 세금계산서를 발급하는 경우
- 공급시기가 되기 전에 대가를 받지 못한 상황에서
  세금계산서를 발급하고, 세금계산서 발급일부터 7일 이내에
  대가를 받는 경우
- 공급시기가 되기 전에 대가를 받지 못한 상황에서
  세금계산서를 발급하고, 세금계산서 발급일로부터 7일이 지난
  후에 대가를 받더라도

（ 2 ）세금계산서 발급하기

a. 계약서에 대금 청구시기(세금계산서 발급일)와 지급시기가
따로 적혀 있고 대금 청구시기와 지급시기 사이의 기간이
30일 이내이거나

b. 공급시기가 세금계산서 발급일이 속하는 과세기간 내에
도래하는 경우

- 할부로 재화나 용역을 공급하면서, 공급시기가 되기 전에
세금계산서를 발급하는 경우

2 / 발급 방법

1) 전자세금계산서(전자계산서) 발급 준비

전자세금계산서(전자계산서)를 발급하기 위해서는 아래 세 가지
중 하나를 갖고 있어야 합니다.

- 전자세금용 공동인증서
- 범용 공동인증서
- 금융인증서
- 보안카드

공동인증서

① 은행 방문

전자세금용 공동인증서나 범용인증서를 발급받기 위해서는

2부 매출과 발급

'인터넷뱅킹'에 가입이 돼 있어야 합니다. 먼저 은행에 방문해 사업자 앞으로 통장을 만들고, 인터넷뱅킹에 가입하겠다고 하면 사용자 아이디와 OTP까지 만들어줍니다.

② 은행 홈페이지에서 공동인증서 발급

사용자 아이디와 OTP가 준비됐다면 은행 홈페이지의 인증센터로 들어가주세요.

여러 인증서 종류 중 '전자세금계산서 업무'가 가능한 인증서를 발급받으시면 됩니다. 은행 공동인증서는 전자세금계산서 업무가 불가능하기 때문에 범용 공동인증서나 전자세금용 공동인증서를 선택해야 합니다.

범용 공동인증서는 전자세금계산서 업무뿐만 아니라 은행 인터넷 뱅킹 등 모든 업무를 할 수 있는 인증서입니다. 다만 가격이 11만 원으로 다른 인증서에 비해 비쌉니다. 전자세금계산서 발급이 목적이라면, 연 수수료가 4,400원인 전자세금용 공동인증서를 발급하셔도 충분합니다.

③ 국세청 홈택스에 공동인증서 등록

공동인증서 발급이 완료됐다면 국세청 홈택스에 인증서를 등록해야 합니다. 홈택스 우상단 '인증센터'를 클릭하시면 다음과 같은 화면이 나옵니다. 공동·금융인증서 등록을 눌러 전자세금용 공동인증서를 등록해주세요.

금융인증서·보안카드

공동인증서는 매년 발급해야 하는 번거로움이 있고, 발급할 때마다 비용이 발생합니다. 전자세금용 금융인증서도 매년 4,400원의 수수료가 발생하지만, 3년치 13,200원을 한 번에 결제할 수 있기 때문에 이걸 사용하셔도 됩니다.

그런데 아예 비용이 발급되지 않는 보안카드도 있습니다. 가까운 세무서의 민원실에 방문해 '전자(세금)계산서 보안카드'를 받으러 왔다고 하면 신청서 작성을 안내해주실 겁니다. 비용이 무료이며, 보안카드를 분실하지 않는 이상 갱신할 필요도 없습니다. 세금계산서를 발급할 일이 자주 없는 업종이라도, 미리미리 보안카드를 받아두면 급할 때 요긴하게 쓸 수 있습니다.

2) 전자세금계산서(전자계산서) 발급하기

국세청 홈택스 [계산서·영수증·카드] → [전자(세금)계산서 발급] → [전자(세금)계산서 건별발급]으로 들어갑니다.

다음 화면에서 세금계산서를 발급하게 됩니다. 화면에 * 표시가 있는 부분은 앞서 강조한 '필요적 기재사항'입니다.

• 공급자의 등록번호와 성명 또는 명칭

• 공급받는 자의 등록번호(단, 공급받는 자가 사업자가 아닌 경우

(2) 세금계산서 발급하기

- 공급가액과 부가가치세액

- 작성 연월일

저희 사업장에 세금계산서를 발급한다고 가정해보겠습니다.

① 먼저 왼쪽 공급자 부분에 본인의 상호와 성명을 씁니다.

② 그리고 오른쪽 공급받는 자의 등록번호에는 위 사업자의
등록번호인 810-02-01846을 씁니다. 상호와 성명도 각각
디벨세무그룹, 김현주를 씁니다.

③ 해당 세금계산서를 3월 귀속분이라고 가정해보겠습니다.
그럼 작성일자는 3월 31일이라고 쓰시면 됩니다. 참고로 3월
귀속분이라면 발급은 4월 10일까지 완료해야겠죠?

④ 품목에는 본인이 판매한 물품이나 서비스의 내용을 써주세요.
물품이면 3월 물품대, 서비스면 3월 용역대 이런 식으로요.

⑤ 공급가액과 세액을 쓰실 때는 부가가치세를 포함해 받아야 할
금액을 합계에 쓰고 밑에 있는 '계산' 버튼을 누르면 공급가액과 세액이
알아서 나눠집니다.

⑥ 아직 돈을 받기 전이라면 '청구'를, 이미 돈을 받았다면
'영수'를 체크한 뒤 '발급하기'를 눌러주세요.

⑦ 공동인증서·금융인증서 혹은 보안카드로 인증까지
완료해주시면 세금계산서 발급 절차가 끝납니다.

3) 종이세금계산서 발급하기

종이세금계산서를 발급한다는 건, 세금계산서를 수기나
전자파일로 직접 작성해 만나서 전달하거나 이메일로 전달하는
걸 말합니다. (주로 소규모 임대사업자들이 종이세금계산서를
발급하곤 합니다.) 왼쪽 위에 '전자'라는 단어가 없는 세금계산서는
종이세금계산서입니다.

전자세금계산서의 경우 발급하는 날짜를 특정할 수 있지만,

(2) 세금계산서 발급하기

종이세금계산서는 발급하는 날짜를 특정할 수 없습니다. 발급 시기를 임의로 조절할 가능성이 있기 때문에, 종이세금계산서를 발급할 수 있는 사람을 세법으로 제한해두고 있습니다.

종이세금계산서를 발급할 수 없는 사업자
- 법인사업자
- 개인사업자 중 매출 8,000만 원 이상인 자

전자세금계산서를 발급할 수 없는 사업자가 종이세금계산서를 발급하면 공급가액의 1%가 가산세로 부과됩니다.

세금계산서 (공급받는자 보관용)																			책 번 호		권		호

작성				공 급 가 액											세 액								비 고
년	월	일	공란수	백	십	억	천	백	십	만	천	백	십	일	십	억	천	백	십	만	천	백	십	일
2023	08	02	4					1	8	0	0	0	0	0					1	8	0	0	0	0

월일	품 목	규격	수량	단가	공급가액	세 액	비고
08 02					1,800,000	180,000	
	= 이하 여백 =						

합 계 금 액	현 금	수 표	어 음	외상미수금	이 금액을 영수 청구 함.
₩1,980,000					

3 / 가산세 및 수정세금계산서

1) 세금계산서 가산세

세금계산서 미발급

세금계산서는 '공급시기'를 작성일자로 해서 발급하는 것이 원칙이며, 공급시기가 속하는 달의 다음 달 10일까지 발급해야 합니다. 즉, 9월 15일에 거래했다면 늦어도 10월 10일까지는, 작성일자를 9월 15일로 기재한 세금계산서를 발급해야 한다는 겁니다.

그런데 만약 다음 달 10일까지 세금계산서 발급을 못 했다면 늦어도 부가가치세 확정신고기한 전에는 세금계산서를 발급하셔야 '지연발급'이 됩니다. 부가가치세 확정신고기한도 지나면 '미발급'이 됩니다.

- 세금계산서 지연발급: 부가가치세 확정신고기한까지 발급했을 때
- 세금계산서 미발급: 부가가치세 확정신고기한까지 발급하지 못했을 때

	부가가치세 확정신고기한
상반기(1월 1일~6월 30일)	7월 25일
하반기(7월 1일~12월 31일)	다음 해 1월 25일

예를 들어 4월 27일에 거래를 했다고 가정해보겠습니다.

- 원칙: 5월 10일까지 세금계산서 발급
- 지연발급: 5월 11일부터 7월 25일 사이에 세금계산서 발급
- 미발급: 7월 25일 이후 세금계산서 발급

판매자는 지연발급의 경우 공급가액의 1%, 미발급의 경우 공급가액의 2%를 가산세로 내야 합니다. 더 큰 문제는 판매자뿐만 아니라 구매자도 가산세를 내야 한다는 점입니다. 지연수취의 경우 공급가액의 0.5%가 가산세로 부과됩니다. 미수취의 경우 원칙적으로 매입세액공제가 불가능하나, 확정신고기한이 지난 후 1년 이내에 세금계산서를 발급받고 수정신고나 경정청구로 해당 세금계산서를 제출하면 매입세액공제가 가능합니다. 단, 이때도 공급가액의 0.5%가 구매자에게 가산세로 부과됩니다.

가산세	판매자	구매자
미발급(미수취)	2%	매입세액공제 불가 (단, 확정신고기한이 지난 후 1년 이내에 수정신고·경정청구할 경우 매입세액공제 가능하며 가산세 0.5%)
지연발급(지연수취)	1%	0.5%, 매입세액공제 가능

만약 2,200만 원짜리 거래를 했다면 어떻게 될까요? 판매자가 제때 세금계산서를 발급하지 않았다는 이유로, 구매자는 미리 낸

2부 매출과 발급

부가가치세 200만 원을 공제받지 못하게 됩니다. 구매자와의 신뢰도 잃게 되겠죠? 가산세도 문제지만, 거래 상대방을 위해서도 세금계산서를 제때 발급해야 합니다.

2) 수정세금계산서

제때 세금계산서를 발급했지만 세금계산서 내용이 잘못됐거나, 거래가 취소되는 등의 사정이 생겼다면 세금계산서를 수정해야 합니다.

국세청 홈택스 [계산서·영수증·카드] → [전자(세금)계산서 발급] → [전자(세금)계산서 수정발급]으로 들어가주세요.

'승인번호를 모르는 경우'의 '세금계산서 조회하기'를 눌러주세요.

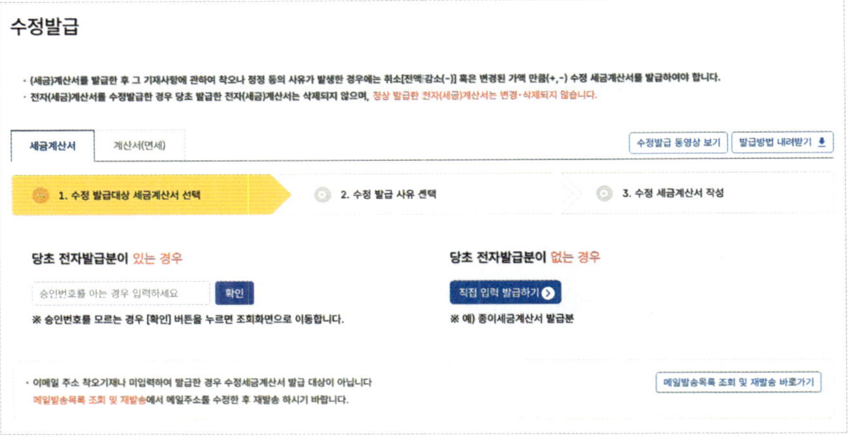

다음은 '세금계산서 조회하기' 화면입니다. 작성일자와 상대방의 등록번호로 기존에 발급한 세금겨 산서를 찾아주세요.

수정 세금계산서 조회

세금계산서 | 계산서(면세)

1. 작성방법 | 2. 수정 세금계산서 조회 | 3. 수정 세금계산서 작성

- 당초, 전자발급분이 있으나 승인번호를 모르는 경우 수정 발급할 대상 전자세금계산서를 조회한 후 목록에서 해당 건을 선택하고 [수정세금계산서발급] 버튼을 클릭하여 수정전자세금계산서를 작성할 수 있습니다.
- 단, 당초 분이 종이발행세금계산서인 경우에는 전자(세금)계산서 목록조회가 되지 않습니다. [직접수정(당초 전자발급분이 없는경우)]를 클릭하여 수정(세금)계산서를 발급하시기 바랍니다.

※ 한 달 단위로 조회하고자 할 경우 해당 년, 월을 선택하시면 됩니다.

• 조회기간	작성일자 ∨ 2026-03-05 ~ 2026-03-12	월별 2026 ∨ 년 03 ∨ 월
공급받는자 등록번호	사업자등록번호 ∨	조회
종사업장번호	상호	
전자세금계산서 종류	-전체- ∨ -전체- ∨ (☐ 위수탁)	발급유형 -전체- ∨
총 합계금액	총 공급가액	총 세액

선택	작성일자	승인번호	발급일자	전송일자	공급받는자 등록번호	상호	대표자명	합계금액

< 이전 1 다음 >   총 0건

상세조회 | 직접수정(당초 전자발급분이 없는경우) | 수정세금계산서발급

3) 수정발급 사유

기재사항 착오 정정 등

필요적 기재사항(등록번호, 작성일자 등)을 수정해야 할 때 사용하는 방법입니다. 기존에 발급한 세금계산서와 동일한 금액의 (−) 세금계산서가 발급돼 기존에 발급한 세금계산서를 없애는 효과가 있습니다. 동시에 수정한 내용으로 새로운 세금계산서 1장이 발급되며, 이때 작성일자는 최초의 세금계산서와 같은 날이 됩니다.

2부 매출과 발급

기재사항 착오 정정 등	수정 결과	발급기한	작성일자
공급가액, 작성일자, 공급받는 자, 등록번호 등 필요적 기재사항의 수정	기존 세금계산서 (-) 기존 세금계산서 (+) 수정 세금계산서	착오를 인지한 날	당초 공급시기

착오에 의한 이중발급 등

착오로 같은 내용의 전자세금계산서를 두 번 발급했을 때, 면세 거래 등 세금계산서 발급대상이 아닌 거래에 대해 세금계산서를 발급했을 때 사용합니다. 기존에 발급한 세금계산서와 동일한 금액의 (-) 세금계산서가 발급돼 기존에 발급한 세금계산서를 없애는 효과가 있습니다. 작성일자는 최초의 세금계산서와 같은 날이 됩니다.

착오에 의한 이중발급 등	수정 결과	발급기한	작성일자
착오에 의해 이중(중복) 발행하였거나 면세분(계산서 발급)등 발급 대상이 아닌 세금계산서 취소	기존 세금계산서 (-) 기존 세금계산서	착오를 인지한 날	당초 공급시기

내국신용장 등 사후 개설

해당 사유를 사용할 일은 거의 없으실 겁니다. 처음에는 10% 과세 거래를 했지만, 추후 내국신용장이 개설돼 0% 과세 거래를 할 때 사용하는 사유입니다.

공급가액의 변동

거래 금액이 변동된 경우 해당 사유를 사용합니다. 기존의
세금계산서는 그대로 유지되며, 변동된 금액만큼만 새로운
세금계산서가 발급됩니다. 이때 새로운 세금계산서의 작성일자는
공급가액 변동일이 됩니다.

공급가액의 변동	수정 결과	발급기한	작성일자
당초 발급분에 대해 공급가액이 증가하거나 감소되는 사유가 발생	기존 세금계산서 (±) 수정 세금계산서	공급가액 변동일이 속하는 달의 다음 달 10일	공급가액 변동일

계약의 해제

계약이 아예 취소된 경우에 사용합니다. 기존에 발급한
세금계산서와 동일한 금액의 (–) 세금계산서가 발급돼 기존에 발급한
세금계산서를 없애는 효과가 있습니다. 이때 새로운 세금계산서의
작성일자는 계약이 해제된 날이 됩니다.

계약의 해제	수정 결과	발급기한	작성일자
계약의 해제(취소)로 재화 또는 용역이 공급되지 않는 경우	기존 세금계산서 (–) 수정 세금계산서	계약이 해제된 날이 속하는 달의 다음 달 10일	계약이 해제된 날

환입

기존에 공급한 재화의 반품이 이뤄졌을 때, 반품된 금액만큼
수정하는 용도입니다. 기존의 세금계산서는 그대로 유지되며,

2부 매출과 발급

반품된 금액만큼만 새로운 세금계산서가 발급됩니다. 이때 새로운
세금계산서의 작성일자는 재화가 환입된 날이 됩니다.

환입	수정 결과	발급기한	작성일자
당초 공급한 재화가 환입(반품)되어 공급가액이 감소한 경우	기존 세금계산서 (-) 수정 세금계산서	재화가 환입된 날이 속하는 달의 다음 달 10일	재화가 환입된 날

주의사항

기재사항 착오 정정, 착오에 의한 이중발급, 내국신용장 등 사후
개설의 경우, 부가가치세 확정신고기한(7/25, 다음 해 1/25) 이후
수정발급하면 부가가치세도 수정신고를 해야 합니다.

공급가액의 변동, 계약의 해제, 환입의 경우 부가가치세
수정신고 대상이 아니라서, 수정사유가 발생한 과세기간에 부가가치세
신고만 잘해주면 됩니다.

가능하다면 부가가치세 신고를 진행하면서 세금계산서도
한 번씩 살펴보고, 수정이 필요한 경우 확정신고기한 내에 수정을
처리하시는 걸 추천드립니다.

> **Q. 이메일만 변경하고 싶으면 어떻게 하나요?**
>
> A. 이메일 주소를 입력하지 않았거나 잘못 입력했을 때는 세금계산서를
> 수정하지 않아도 됩니다. 하단의 '메일발송목록 조회 및 재발송
> 바로가기'에서 이메일 주소만 수정해 재발송해주세요.

(3)
현금영수증 발급하기

현금영수증 발급방법

국세청 홈택스에서 발급

- 자진발급: 소비자 정보가 없을 때, 현금을 받은 날부터 5일 이내.

  국세청 지정코드(010-000-1234) 입력.

- 소득공제: 현금을 지불한 사람이 소비자.

  휴대전화번호나 주민등록번호 입력.

- 지출증빙: 현금을 지불한 사람이 사업자.

  휴대전화번호나 사업자등록번호 입력.

Tip.

현금영수증은 소급 발행 불가. 일부 취소 불가.

1 / 발급 방법

국세청 홈택스 [계산서·영수증·카드] → [현금영수증(가맹점)] →
[발급] → [현금영수증 건별 발급]으로 들어갑니다.

현금영수증 건별발급

현금영수증 건별 발급하는 화면입니다.
- 현금영수증은 **당일 발급만 가능합니다.**(거래일자 변경 불가)
- 현금영수증 발급내역은 **다음 날** 조회 가능합니다.
- 당일 발급한 내역은 [당일 발급 조회/정정/취소]에서 조회/정정/취소가 가능합니다.
- 총 거래금액을 입력하면 거래유형(과세, 면세)에 따라 공급가액과 부가세가 구분됩니다.
- 발급수단번호는 **현금영수증 발급받는 사람**의 주민등록번호, 사업자등록번호, 휴대전화번호, 각종 카드번호(13~19자리)입니다.
  주민등록번호, 사업자등록번호는 **3회** 연속하여 잘못 입력하는 경우, 발급 서비스 이용이 제한됩니다.
- 자진발급이란 소비자가 현금영수증 발급을 요청하지 않아 무기명으로 발급하는 경우 국세청 코드 **'010-000-1234'**번호로 발급하는 제도입니다.
  자진발급 '여'를 선택하면 발급수단에 **'010-000-1234'**가 표시됩니다.
- 현금영수증 인쇄 시 사업장 전화번호가 표시됩니다. 전화번호 변경을 원하시면 아래 메뉴에서 정정하시기 바랍니다.
  국세증명·사업자등록·세금관련 신청/신고 > 사업자등록 신청·정정·휴폐업 > 개인 사업자등록 정정 신고

현금영수증 발급

○ 공급사업자 정보

사업자등록번호	810-02-01846	상호	라용세무회계	구분	일반과세자

○ 거래정보 등록

거래일자	2025-11-25 22:20:44	승인번호	
*자진발급 여부	○ 여 ● 부	*용도구분	소득공제 ∨
*거래유형	● 과세 ○ 면세	*발급수단번호	
*총 거래금액		공급가액	0
부가세	0		
메모(0Byte)			

발급메인

자진발급 여부

상대방의 정보를 알 때는 '부'로, 상대방의 정보를 모를 때는 '여'로 체크합니다.

현금영수증 의무발행업종을 영위하는 사업자라면, 10만 원 이상의 거래에 대해서 소비자가 현금영수증 발급을 요청하지 않더라도 현금영수증을 발급해야 합니다. 소비자가 현금영수증 발급수단번호인 휴대전화번호나 주민등록번호, 사업자등록번호 등 아무 정보를 주지 않았을 때 자진발급을 사용하시면 됩니다. 현금을 받은 날부터 5일 이내에 발급수단번호란에 국세청 지정 코드(010-000-1234)를 적어 자진발급할 수 있습니다.

용도구분 및 발급수단번호

• 소득공제: 현금을 지불한 사람이 소비자라면 '소득공제'를 사용하고 발급수단번호에 휴대전화번호나 주민등록번호를 기재합니다.

• 지출증빙: 현금을 지불한 사람이 사업자라면 '지출증빙'을 사용하고 발급수단번호에 휴대전화번호나 사업자등록번호를 기재합니다.

거래유형: 과세/면세

기본 세팅은 '과세'로 돼 있습니다. 과세는 본인이 판매하는 물품이나 서비스에 부가가치세가 붙는다는 뜻이니, 부가가치세 면세사업자라면 면세에 체크해주시면 됩니다.

총 거래금액

부가가치세를 포함한 총 거러금액을 기재합니다. 예를 들어, 일반과세자가 88,000원의 물건을 공급하고 현금영수증을 발행해야 한다면 총 거래금액에 88,000원을 써주면 됩니다. 총 거래금액만 입력하면 자동적으로 공급가액과 부가가치세가 구분 입력될 겁니다.

2 / 취소 방법

[계산서·영수증·카드] → [현금영수증(가맹점)] → [발급] → [현금영수증 취소 발급]으로 들어갑니다.

취소할 현금영수증을 '조회'한 뒤 총 거래금액과 취소사유를 기재합니다. 취소사유는 거래취소/오류발급/기타 중에서 선택할 수 있습니다. 메모란에 구체적인 취소 사유를 적어두면 추후 내용 찾기가 쉬우니 메모란도 써주는 게 좋고요. '취소 발급'을 눌러 '취소 발급하시겠습니까?' 창이 뜨면 '확인'을 누르면 됩니다.

> **Q. 현금영수증도 소급 발행이 되나요?**
>
> A. 세금계산서는 소급 발행이 가능하지만, 현금영수증은 소급 발행이 되지 않습니다. 거래일자 변경이 불가능하니 현금을 받은 날로부터 5일 이내에 현금영수증을 발행해주세요. 또 현금영수증의 일부 취소가 불가능하기 때문에, 현금영수증을 취소했다가 다시 발급하면 해당 날짜로만 발급이 된다는 점도 주의해주세요.

(3) 현금영수증 발급하기

3 / 현금영수증 신고포상금과 가산세

현금영수증 관련해서 소비자가 받을 수 있는 포상금과 그에 따라 사업자가 내야 하는 가산세는 각각 두 가지가 있습니다.

1) 발급거부

소비자상대업종을 영위하는 현금영수증가맹점이 소비자의 현금영수증 발급 요청을 거부하거나 사실과 다르게 발급하는 경우, 현금영수증을 발급한 후 임의로 현금영수증을 취소하는 경우입니다.

소비자가 신고를 하면 포상금은 거부 금액이 5천 원 이상 5만 원 이하인 경우 1만 원, 5만 원 초과 125만 원 이하인 경우 거부금액의 20%, 거부금액이 125만 원 초과인 경우 50만 원입니다. 한 사람이 연간 최대 100만 원을 받을 수 있습니다. 국세청은 2022년에 현금영수증 발급거부 신고포상금이 3,394건 지급됐으며, 금액은 약 2억6,300만 원이라고 발표했습니다.

이 경우, 사업자는 미발급 금액의 5%를 가산세로 냅니다. 〈현금영수증 가맹점이 지켜야 할 사항〉이 나와 있는 명령서를 받고 발급을 거부하면, 미발급 금액의 20%를 과태료로 추가 납부해야 합니다.

2) 미발급

현금영수증 의무발행업종 사업자는 10만 원 이상의 현금 거래를 할 경우 소비자가 발급을 요청하지 않더라도 현금영수증을 발급해야 합니다.

2부 매출과 발급

미발급 사실을 신고하면 발급거부 신고포상금과 동일하게 포상금을 받을 수 있습니다. 한 사람이 연간 최대 100만 원을 받을 수 있습니다. 국세청은 2022년에 현금영수증 미발급 신고포상금이 13,067건 지급됐으며, 금액은 약 36억5,000만 원이라고 발표했습니다.

사업자는 미발급 금액의 20%를 가산세로 냅니다. 현금영수증 의무발행업종이라면 특히 현금 매출이나 계좌이체 매출에 대해 조금 더 신경 써야 문제없이 사업할 수 있다는 점을 기억해두세요.

3부

지출과 증빙

'증빙'이 무슨 뜻인가요?

사전적 의미로는 '신빙성 있는 증거'입니다. 지출을 하기만 하면 무조건 비용으로 인정받는 것은 아닙니다. 해당 지출이 타당하다는 것을 뒷받침해주는 것이 증빙 자료입니다. 세무에서 인정하는 증빙 자료를 적격증빙 자료라고 하며, 적격증빙 자료 이외의 증빙 자료 수취를 하면 일부 예외 조건 외에는 비용 처리가 불가합니다.

'비용 처리'를 한다는 게 무엇인가요?

사업을 하다보면 다양한 지출이 발생됩니다. 그런데 이러한 지출 중에서는 비용으로 인정받을 수 있는 것이 있고 비용으로 인정받지 못하는 것도 있습니다. 예를 들어, 중요한 거래처와의 식사를 위해 지출한 금액은 접대비라는 비용으로 인정받으나, 1인 사업자 본인의 식대는 돈이 지출되었지만 비용으로 인정받지 못합니다. 즉 사업과 관련성이 있는 지출이 비용이 될 수 있습니다. '비용 처리'를 한다는 것은 비용으로 반영한다는 뜻입니다. 비용이 많이 반영되면 순이익이 줄어들어 소득세도 줄어드는 효과가 있습니다.

(1)
지출과 세무

✓ **비용이란?**

사업을 하면서 매출을 발생하기 위해 쓴 돈

세법상 비용으로 인정받는 요건

- 사업과 관련해 사용한 비용

  매출 발생과 직접적인 관련 있어야 함(생활비 X).

- 적격증빙 자료를 받은 비용

  (전자)세금계산서 / (전자)계산서, 현금영수증(지출증빙),

  신용카드매출전표 중 한 가지가 있어야 함.

비용 처리를 하는 이유

- 부가가치세 측면

  거래가 투명하게 드러남.

- 종합소득세 측면

  매출에서 비용을 뺀 순이익에 소득세를 매김.

  비용이 많아야 순이익이 줄어 소득세도 줄어듦.

1 / 비용이란?

어떤 일을 하는 데 드는 돈을 비용이라고 합니다. 사업자에게 비용은 사업을 하면서 매출을 발생하기 위해 쓴 돈을 말하겠지요.

지출한 돈을 세법상 '비용'으로 인정받기 위해서는 두 가지 요건이 모두 갖춰져야 합니다.

1) 사업과 관련해 사용한 비용일 것

명품 구매, 호캉스 등의 비용은 당연히 사업과 관련한 비용이 아니지요. 또한 사업을 하지 않더라도 들어가는 집의 월세나 가족들의 식비 등도 사업과 관련해 사용한 비용으로 볼 수 없습니다.

2) '적격증빙 자료'를 받은 비용일 것

적격증빙 자료란 다음과 같습니다.

- (전자)세금계산서, (전자)계산서
- 현금영수증(지출증빙)
- 신용카드매출전표

한 건의 지출에 대해 세 가지의 증빙 중 한 가지만 받으면
됩니다. 카드로 결제하고 세금계산서를 받으면 안 됩니다. 만약 카드로
결제하고 세금계산서를 받았다면, 카드에 대해서는 비용 처리를 하지
않고 세금계산서로만 비용 처리를 해야 합니다.

2 / 비용 처리를 하는 이유

1) 부가가치세 측면에서

물건이나 서비스를 파는 사업자가 매출에 대한 증빙을 발급하면,
그걸 사는 사업자는 매입에 대한 증빙이 생깁니다. 한 사업자의 매출은
다른 사업자의 매입이 되기 때문에, 적격증빙을 주고받으면서 거래가
투명하게 드러납니다.

만약 물건을 살 때 증빙을 주고받지 않는다면 어떻게 될까요?
파는 쪽에서는 매출을 누락하게 되고, 사는 쪽에서는 매입을 누락하게
됩니다. 매출을 누락하면 여기에 따른 부가가치세, 소득세를 내지 않게
되죠. 매입자는 부가가치세 10% 정도를 절약했다고 생각할 수 있지만,
결국 소득세 신고할 때 비용이 부족해 세금을 더 많이 내게 됩니다.

2) 종합소득세 측면에서

우리나라 소득세는 '순이익'에 대해 세금을 매기는 구조입니다.
사업을 시작한 지 얼마 안 된 분들은 매출에 대해 소득세를 매기는 줄
아는 경우가 많은데, 매출에서 비용을 뺀 '순이익'에 대해 6%~45%의

3부 지출과 증빙

세율을 매기는 게 종합소득세입니다. 매출은 부가가치세 신고하면서 확정을 해뒀기 때문에 수정이 불가능합니다. 그럼 소득세를 적게 내기 위해서는? 비용을 최대한 많이 반영해야겠죠. 사업과 관련된 비용이 있으면 이를 인정받기 위해서 비용 처리를 해야 합니다.

(1) 지출과 세무

적격증빙 챙기기

적격증빙 3종 세트

- 전자세금계산서 / 전자계산서: 종이세금계산서 포함
- 현금영수증(지출증빙)
- 신용카드매출전표(신용카드 / 체크카드): 국세청 홈택스에 등록해두지 않았다면, 별도로 챙겨야 함.

세금계산서 관리 포인트

- 이메일 주소 전달 → 세금계산서 받았는지 확인하기.
- 다음 달 10일까지 발급 및 수취: 안 하면 가산세
- 매월 10일, 홈택스 '세금계산서 조회' 메뉴에서 세금계산서 주고받은 것 확인하기.
- 종이세금계산서 별도로 챙기기.

현금영수증

- 소득공제용 아님 → 지출증빙용
- 사업자등록번호로 발급받기.
- 개인용으로 받은 경우 → 홈택스에서 용도변경 신청
- 간이과세자와 거래할 때는 현금영수증 받기.

사업용 카드

- 홈택스 등록 필수(신규 발급, 변경 시 그달에 등록해야 함)
- 미등록 시 '부가가치세 신고용 엑셀 파일'로 직접 반영

간이영수증 주의

- 적격증빙 안 됨 → 부가세 매입세액공제 불가
- 3만 원 이하: 전액 비용 처리 가능.
- 3만 원 초과: 거래금액의 2% 가산세 내야 비용 인정
- 부득이하게 간이영수증 받는다면?
  상호 / 사업자번호 / 거래일 / 금액 필수 기재

비용 누락 방지 루틴

- 월 1회 통장 내역 vs 홈택스 수취내역 대조
- 세금계산서, 현금영수증, 카드 등록 여부 점검
- 사업용카드 누락 시 직접 엑셀 반영
- 증빙 빠지면 → 비용 누락 → 세금 증가

1 / 세금계산서와 계산서

2부에서 매출 세금계산서에 대해서 살펴봤습니다. 매출 세금계산서와 달리 매입 세금계산서는 우리가 돈을 내고 물품이나 서비스를 공급받는 입장이니 '공급받는 자'에 사업장 정보가 입력됩니다.

세금계산서를 받을 때 확인할 것

세금계산서를 요청할 때 세금계산서를 받을 '이메일 주소'도 함께 알려주세요. 그리고 다음 달 10일까지는 세금계산서를 꼭 받아주세요.

사업을 하면서 매번 홈택스에 들어가 세금계산서가 잘 발급됐는지 챙기는 건 어렵습니다. 그런데 세금계산서를 이메일로도 받으면, 누가 세금계산서를 발급해줬는지 손쉽게 알 수 있습니다. 다만, 상대방이 세금계산서를 발급했더라도 이메일 주소 입력을 안 했다면 나의 이메일로 세금계산서가 들어오지 않습니다. 이때는 국세청 홈택스에서 세금계산서 발급 여부를 직접 확인해야 합니다.

홈택스 [계산서·영수증·카드] → [전자(세금)계산서 조회] → [조회] → [전자(세금)계산서 월/분기별 목록조회]에서 매입·매출 구분을 매입으로 두고 원하는 조회기간을 조회하면 온라인으로 받은

전자세금계산서 목록조회 (월 · 분기별)

- <전송기간 구분>을 선택하여 조회기간별로 발급한 전자세금계산서를 조회할 수 있습니다.
- 전자세금계산서 출력 시에는 전자세금계산서 테두리색으로 매출, 매입자료를 구분할 수 있습니다.(매출:적색, 매입:청색)
- 대량자료 조회의 경우 [전자(세금)계산서 자료신청] 화면을 이용하면 익일 신청자료를 받아보실수 있습니다

| 분류 | 전자세금계산서 전자계산서 수임사업자전환 |

전송기간 구분	전체 2025.12.11 이내 전송 2025.12.12 이후 전송	매입 · 매출 구분	매출 매입
조회기간 구분	월별 분기별 반기별	조회기간	작성일자 2025 11월
공급받는자 등록번호	-전체-	종사업장 번호		상호	
전자세금계산서 종류	-전체- -전체-	발급유형	-전체-	정렬	작성일자

| 총 합계금액 | | 총 공급가액 | | 총 세액 | |

※ 조회된 내용을 더블클릭 하면 전자세금계산서 상세내용을 확인 할 수 있습니다.

엑셀내려받기 목록출력

| ☐ | 작성일자 | 발급일자 | 전송일자 | 공급받는자등록번호 (종사업장 번호) | 상호 | 대표자명 | 품목명 | 합계금액 | 공급가액 |

세금계산서와 계산서의 목록을 조회할 수 있습니다.

국세청 홈택스에서 한 달에 한 번은 세금계산서를 조회해보세요. 세금계산서를 발급받아야 하는 시기의 다음 달 10일까지 세금계산서가 안 들어왔다면 반드시 판매자에게 연락해 세금계산서를 받아주시고요. 해당 과세기간의 확정신고기한(7월 25일, 다음 해 1월 25일)을 넘어서 세금계산서를 받게 되면 경우에 따라서 매입세액공제가 불가능할 수 있으니 반드시 제때 챙겨주세요.

간혹 임대인으로부터 전자세금계산서가 아닌 종이나 PDF파일로 된 세금계산서를 받게 될 때가 있죠? 종이세금계산서도 적격증빙 자료이니, 제때 꼭 챙겨서 받고 잘 보관해주세요.

(2) 적격증빙 챙기기

2 / 현금영수증

현금영수증은 소득공제와 지출증빙으로 구분됩니다.

- 소득공제: 근로자가 연말정산할 때 소득공제를 적용받기 위해 받는 현금영수증
- 지출증빙: 사업자가 비용으로 반영하기 위해 받는 현금영수증

지출증빙으로 현금영수증을 받기 위해서는 상대방에게 사업자번호를 알려주면 됩니다.

현금영수증 매입내역 조회

- 당일 현금영수증 발행 내역은 다음 날 조회 가능합니다.
- [발급수단]항목은 현금영수증 발행 시 사용한 휴대전화번호, 카드번호 등의 마지막 4자리 숫자만 보여집니다.
- 최근 37개월 거래내역만 조회 가능합니다.
- 현금영수증 자료구축에 따라 매일 04:00~05:00 경 조회가 원활하지 않을 수 있습니다.
- 홈택스에 등록한 현금영수증 발급수단(현금영수증카드번호, 멤버십카드번호 등)으로 발급받은 거래내역만 조회됩니다.
  - 등록하지 않고 사용 중인 발급수단도 등록한 다음 날 최근 36개월 거래내역이 본인에게 반영됩니다.

| 일별 | 주별 | 월별 | 분기별 |

| 사업자등록번호 | 810-02-01846 | 상호 | 라움세무회계 |

| 조회기간 | 2025년 11월 ˅ | 조회구분 | -전체- ˅ |
| 부서명 | -전체- | 가맹점 사업자번호 | |

※ 파란색은 취소거래이며, 거래구분 항목을 클릭하면 당초 승인내역 확인 가능합니다.

총 매입금액 : 1,219,000 (원)

매입내역 누계조회 / 현금영수증 발급수단 등록/정정 / 내려받기 ⬇ / 전

	매입일시	사용자명	가맹점 사업자번호	가맹점명	공급가액	부가세	봉사료	매입금액	승인번호
☐	2025-11-06 01:52:13	라움세무회계	106-86-57289		903,666	90,366	0	994,032	N54957348
☐	2025-11-06 01:52:13	라움세무회계	106-86-57289		107,643	10,764	0	118,407	N54957349
☐	2025-11-06 01:52:13	라움세무회계	106-86-57289		44,324	4,432	0	48,756	N54957350
☐	2025-11-06 01:52:13	라움세무회계	106-86-57289		17,096	1,709	0	18,805	N54957351
☐	2025-11-21 19:21:21	라움세무회계	201-81-21515		39,000	0	0	39,000	176328912

〈 이전　[1]　다음 〉

국세청 홈택스 [계산서·영수증·카드] →
[현금영수증(매입·지출증빙)] → [사업자 매입·지출증빙 조회/변경]
→ [현금영수증 매입내역(지출증빙)조회]에서 사업장의 지출증빙용
현금영수증을 확인할 수 있습니다.

3 / 신용카드매출전표

신용카드, 체크카드 등을 사업용으로 사용하면 비용으로
인정받을 수 있습니다.

한 번이라도 국세청 홈택스에 등록하지 않은 카드를 부가가치세
신고할 때 반영하려고 해보신 분은 그 번거로움을 아실 겁니다.

또한 실무적으로 홈택스에 등록하지 않은 카드를 사업용으로
사용했다고 신고하면, 별도의 증빙을 요청하는 경우가 있기 때문에
증빙을 해야 하는 수고를 피하기 위해서라도 등록 후 카드를
사용해주세요.

Q. 홈택스에서도 사업용 신용카드 사용 내역을 조회할 수 있나요?
A. 조회할 수 있습니다. 다만 실시간으로 확인되지 않고 익월 15일
이후에 가능합니다. 예를 들어 11월에 사용한 내역은 12월 15일 이후
확인 가능합니다. 다만 해외가맹점을 통해 결제한 건은 홈택스에서
조회 불가능합니다.

(2) 적격증빙 챙기기

4 / 비용 누락의 요인

1) 증빙을 받지 않았을 때

물건이나 서비스를 구입하고 거래대금을 보냈는데, 거래 상대방이 실수 혹은 고의로 증빙을 발급해주지 않은 경우 비용이 누락됩니다. 소규모 사업자들은 사업장 내에 회계 담당자가 없기 때문에 통장에서 나간 내역과 세금계산서, 현금영수증 등이 들어온 내역을 일일이 맞춰보지 않습니다. 증빙 없이 나가는 돈을 막으려면 한 달에 한 번은 사업자 통장 내역과 홈택스 세금계산서, 현금영수증 등의 수취 내역을 맞춰보시는 걸 추천드립니다.

2) 증빙을 받았으나 적격증빙이 아닐 때

적격증빙이란 세금계산서, 계산서, 현금영수증, 신용카드매출전표 등 세법에서 인정해 주는 증빙을 말합니다. 그런데 간혹 '간이영수증'을 받아와서는 왜 부가가치세 신고할 때 반영이 안 되는 거냐고 물어보는 분들이 있습니다.

적격증빙은 판매자의 매출 내역과 소비자의 매입 내역이 100% 일치하기 때문에 상호 검증 기능이 있습니다. 그런데 간이영수증은 소비자가 비용 처리를 하더라도, 판매자의 매출로 바로 노출되지 않습니다. 이 때문에 판매자들은 간이영수증을 부담 없이 끊어주곤 합니다. 이런 간이영수증이 적격증빙으로 인정된다면 모든 사람이 간이영수증에 숫자를 적어 비용 처리를 하려고 할 겁니다.

간이영수증은 적격증빙이 아니기 때문에 간이영수증으로

영 수 증 (공급받는자용)

NO.					귀 하
공급자	사업자 등록번호				
	상호		성명		(인)
	사업장 소재지				
	업태		종목		
작성일		공급가 총액		비고	
		₩			
위 금액을 정수(청구)함.					

월일	품목	수량	단 가	공급가액
합		계	₩	

부가가치세 매입세액공제를 받을 수 없습니다. 종합소득세 신고할 때는 건당 3만 원 이하의 간이영수증만 전액 비용 처리할 수 있습니다. 이처럼 적격증빙 자료 없는 3만 원 초과 거래는 별도로 영수증수취명세서를 제출해야 합니다. 명세서를 보면, 중간에 '3만 원 초과 거래분 명세서제출 제외대상 내역'이라고 있습니다. 이 내역에 해당하는 거래는 명세서를 제출하지 않아도 됩니다.

건당 3만 원을 초과하는 거래인데 간이영수증을 받았거나, 계약서 또는 거래명세서, 돈이 출금된 계좌이체 내역은 있는데 적격증빙이 없을 때 거래금액의 2%를 '증명서류 수취 불성실 가산세'로 납부하고 비용 처리할 수 있습니다. 이때도 간이영수증에 거래 상대방의 상호, 성명, 사업자등록번호, 거래일 및 지급금액이 적혀 있어야 합니다.

(2) 적격증빙 챙기기

영수증수취명세서(1)

※ 제2쪽의 작성방법을 읽고 작성하시기 바랍니다.

(3쪽 중 제1쪽)

① 상 호		③ 사업자등록번호			—		—		
③ 성 명		④ 생년월일							
⑤ 주 소			(전화번호 :)						
⑥ 사업장소재지			(전화번호 :)						
⑦ 업 태		⑧ 종 목							

1. 세금계산서·계산서·신용카드 등 미사용 내역

⑨ 구 분	3만원 초과 거래분		
	⑩ 총 계	⑪ 명세서제출제외대상	⑫ 명세서제출대상(⑩ – ⑪)
⑬ 건 수			
⑭ 금 액			

2. 3만원 초과 거래분 명세서제출 제외대상 내역

구 분	건 수	금 액	구 분	건 수	금 액
⑮ 읍·면지역소재			㉖ 부동산구입		
⑯ 금융·보험용역			㉗ 주택임대용역		
⑰ 비거주자와의 거래			㉘ 택시운송용역		
⑱ 농어민과의 거래			㉙ 전산발매통합관리시스템 가입자와의 거래		
⑲ 국가·지방자치단체 또는 지방자체단체 조합과의 거래			㉚ 항공기항행용역		
⑳ 비영리법인과의 거래			㉛ 간주임대료		
㉑ 원천징수대상사업소득			㉜ 연체이자지급분		
㉒ 사업의 양도			㉝ 송금명세서제출분		
㉓ 전기통신·방송용역			㉞ 접대비필요경비부인분		
㉔ 국외에서의 공급			㉟ 유료도로 통행료		
㉕ 금매·경매·수용			㊱ 합 계		

「소득세법」 제70조제4항제5호 및 같은 법 시행령 제132조제3항에 따라 영수증수취명세서를 제출합니다.

년 월 일

신 고 인 (서명 또는 인)
세무대리인 (서명 또는 인)
(관리번호 :)

세무서장 귀하

210㎜×297㎜[백상지 80g/㎡ 또는 중질지 80g/㎡]

3) 사업용 신용카드 등록이 누락된 걸 몰랐을 때

국세청 홈택스에 등록한 '사업용 신용카드'가 아니면 카드 사용 내역이 자동적으로 신고서에 반영되지 않습니다. 기존에 사업용 신용카드를 등록해둔 상태에서 카드를 추가하거나, 카드를 변경했을 경우 국세청 홈택스에 카드를 재등록해야 합니다. 그런데 카드를 재등록하지 않아 카드 내역이 누락됐는데도 그 사실을 인지하지 못할 가능성이 큽니다.

적어도 부가가치세 신고할 대 한 번쯤은 국세청 홈택스에 내가 사용하는 카드가 전부 등록돼 있는지 체크해보는 게 좋습니다.

만약 카드 내역이 누락됐다는 걸 알았다면 그때 바로 등록을 하시고요. 등록일이 속하는 달의 전월까지의 내역은 카드사에서 '부가가치세 신고용 엑셀 파일'을 받아서 직접 입력 후 반영해야 합니다.

(2) 적격증빙 챙기기

4) 사업자 앞으로 받아야 할 증빙을 개인 앞으로 받았을 때

현금영수증을 받아뒀는데 왜 반영이 안 됐냐고 물어보는 분들이

있습니다. 왜 현금영수증이 안 떴을까 원인을 찾았을 때, 대부분은

사업자(지출증빙)로 받아야 하는 현금영수증을 개인(소득공제)으로

받았기 때문에 생긴 문제였습니다.

이때는 개인(소득공제)으로 받은 현금영수증을

사업자(지출증빙)로 변경하면 됩니다. 국세청 홈택스

[계산서·영수증·카드] → [현금영수증(근로자·소비자)] →

[근로자·소비자 조회/변경] → [현금영수증 사업자용으로 용도변경]에

들어가면 다음과 같은 화면이 뜰 겁니다.

여기서 개인(소득공제)으로 받은 현금영수증을 선택한 뒤 '사업장'에서 사업자번호를 선택해주세요. 이후 첨부서류에 계약서, 영수증 등의 증빙서류를 첨부한 뒤 등록하기를 눌러주면 됩니다. 현금영수증을 개인(소득공제)에서 사업자(지출증빙)로 변경하려면 세무서 담당 직원의 '승인'이 있어야 합니다. 바로 변경되는 게 아니니 승인될 때까지 기다려주세요.

(2) 적격증빙 챙기기

4부

신고와 납부

?

사업자는 어떤 세금 신고를 해야 하나요?

사업자라면 1년 내내 다양한 신고 일정을 챙겨야 합니다. 1월과 7월에는 부가가치세 신고, 5월(혹은 6월)에는 종합소득세 신고가 있고요. 인건비를 지급한다면 매월 원천세 신고도 해야 합니다. 복식부기의무자라면 사업용계좌를 신고하거나 변경하는 것도 챙겨야 하고요. 소득세 신고로 인해 국민연금, 건강보험이 변경될 수 있도록 공단 신고도 진행해야 하죠. 4월과 10월에 나오는 부가가치세 중간예납 고지서나 11월의 종합소득세 중간예납 고지서도 무시해서는 안 됩니다. 뭐 하나라도 누락되면 가산세가 있기 때문에, 사업자라면 세금 신고 일정은 기본으로 숙지해야 합니다. 어떤 세금을 왜 내는지까지 알아둬야 '뜯기는' 느낌이 안 나겠죠?

세금을 줄이려면 어떤 관리가 필요할까요?

꼼꼼하게 증빙을 챙기고, 투명하게 장부를 쓰고, '제때' '제대로' 신고하는 게 세금을 줄이는 길입니다. 매출을 누락하지 않도록 내 사업의 매출이 어디서 발생하는지, 어떤 사이트에서 발생하는지, 현금 매출은 없는지 기록해두는 게 좋습니다. 매입의 경우 적격증빙을 챙기는 게 기본입니다. 부가가치세 공제를 받든 안 받든, 종합소득세 비용으로 처리할 수 있거든요. 간편장부대상자가 복식부기로 장부를 쓰면 기장세액공제(최대 100만 원)를 받을 수 있고, 노란우산공제에 가입하거나 연금계좌에 가입해서 퇴직 이후를 준비했다는 이유로 소득공제나 세액공제를 받을 수 있는 상품도 있습니다. 노후까지 대비할 수 있는 소득공제/세액공제 상품 등 정부가 지원해주는 제도를 최대한 활용하는 것도 방법입니다.

〈세금 신고 일정표〉

일반과세자

	마감일	일정	체크
1월	25일	하반기(7월~12월) 부가가치세 확정신고·납부	
4월	25일	상반기(1월~6월) 부가가치세 예정고지·납부	
5월	31일	종합소득세 및 지방소득세 신고·납부 (단, 성실신고확인대상자는 6월 30일까지)	
	31일	복식부기의무자 사업용계좌 변경·추가 신고 (단, 성실신고확인대상자는 6월 30일까지)	
	31일	국민연금 소득총액신고 (단, 성실신고확인대상자는 6월 30일까지)	
	31일	건강보험 보수총액신고 (단, 성실신고확인대상자는 6월 30일까지)	
6월	30일	복식부기의무자 사업용계좌 신고	
7월	25일	상반기(1월~6월) 부가가치세 확정신고·납부	
8월	31일	주민세 사업소분 신고·납부	
10월	25일	하반기(7월~12월) 부가가치세 예정고지·납부	
11월	30일	종합소득세 중간예납	

간이과세자

	마감일	일정	체크
1월	25일	연간(1월~12월) 부가가치세 확정신고·납부	
5월	31일	종합소득세 및 지방소득세 신고·납부	
	31일	복식부기의무자 사업용계좌 변경·추가 신고	
	31일	국민연금 소득총액신고	
	31일	건강보험 보수총액신고	
6월	30일	복식부기의무자 사업용계좌 신고	
7월	25일	부가가치세 예정고지·납부	
8월	31일	주민세 사업소분 신고·납부	
11월	30일	종합소득세 중간예납	

면세사업자

	마감일	일정	체크
2월	10일	연간(1월~12월) 사업장 현황신고	
5월	31일	종합소득세 및 지방소득세 신고·납부 (단, 성실신고확인대상자는 6월 30일까지)	
	31일	복식부기의무자 사업용계좌 변경·추가 신고 (단, 성실신고확인대상자는 6월 30일까지)	
	31일	국민연금 소득총액신고 (단, 성실신고확인대상자는 6월 30일까지)	
	31일	건강보험 보수총액신고 (단, 성실신고확인대상자는 6월 30일까지)	
6월	30일	복식부기의무자 사업용계좌 신고	
8월	31일	주민세 사업소분 신고·납부	
11월	30일	종합소득세 중간예납	

부가가치세 신고하기

부가가치세 기준 사업자 분류

면세사업자

사업장현황신고: 다음 해 2월 10일까지.

일반과세자

매출(부가가치세 제외) × 10% = 매출세액

− 매입(부가가치세 제외) × 10% = 매입세액
____

납부할 세액(또는 환급받을 세액)

✓ 부가가치세 신고서(일반과세자 VS 간이과세자)

일반과세자의 과세표준:

공급가액(부가가치세를 제외한 금액)

간이과세자의 과세표준:

공급대가(부가가치세를 포함한 금액)

간이과세자

연 매출 1억400만원 미만

- ~ 4,800만 원: 세금계산서 발급 X, 납부의무 면제.

- 4,800만 원 ~ 1억4,000만 원: 세금계산서 발급.

매출(부가가치세 포함) × 부가가치율(15~40%) × 10% = 매출세액

− 매입(부가가치세 포함) × 0.5% = 공제세액

납부할 세액

부가가치세를 줄이려면?

- 매입세액을 잘 챙겨야 함.

- 적격증빙 잘 챙기기.

- 계좌이체만으로는 매입세액공제 안 됨.

매입세액공제 안되는 것

− 사업 무관	− 등록 전
− 세금계산서	− 차량
− 토지	− 면세사업
−접대비	

(1) 부가가치세 신고하기

4부 신고와 납부

1 / 부가가치세의 의미와 목적

부가가치세는 '소비'에 붙는 세금입니다. 물건이나 서비스를 구매할 때 우리가 내는 돈에는 부가가치세가 포함돼 있습니다. 사업자들은 소비자들이 물건이나 서비스를 구매할 때 낸 부가가치세를 모아뒀다가 6개월에 한 번 혹은 1년에 한 번 국가에 납부합니다.

부가가치세는 왜 낼까요? 우리나라에 부가가치세가 도입된 건 1977년 7월 1일입니다. 간접적인 방식으로 세금을 거둬 세수를 늘릴 수 있기 때문에, 국가 재정에 도움이 된다는 이유에서였지요. 실제로 부가가치세는 법인세, 소득세와 함께 국가의 '세금 3대장'이라고 불리는데요. 2022년 기준 전체 국세의 20.6%를 차지하고 있습니다.

거래할 때 부가가치세가 오고 가기 때문에, 자연스럽게 사업자의 매출이 노출됩니다. 소비자는 물건이나 서비스를 구매할 때 부가가치세를 내고 거래가 끝납니다. 그런데 사업자가 물건이나 서비스를 구매할 때 부가가치세를 내면 '적격증빙'이 있는 경우에 부가가치세를 돌려줍니다. 부가가치세를 최대한 덜 내려면 매입할 때 적격증빙을 잘 챙겨야 합니다. 매입하는 사업자가 증빙을 잘 챙기면, 매출하는 사업자도 매출을 누락할 수 없게 됩니다.

2 / 일반과세자

부가가치세의 세율은 기본적으로 10%입니다. 일반과세자라면, 부가가치세 10%를 고려해 가격 책정을 해야 합니다. 즉, 매출의 10%를 가격에 얹어서 받아야 한다는 얘기입니다.

일반과세자의 부가가치세 계산 구조는 다음과 같습니다.

매출(부가가치세 제외) × 10% = 매출세액

– 매입(부가가치세 제외) × 10% = 매입세액

납부할 세액(또는 환급받을 세액)

1) 매출

매출은 크게 세금계산서 발급분, 신용카드·현금영수증 발행분, 기타로 나눠집니다. 매출이 세금계산서 발급분만 있다면, 부가가치세를 명확하게 별도로 받기 때문에 세금을 낼 때 큰 저항이 없습니다.

매출이 신용카드나 현금영수증으로 발생하거나, 인터넷 플랫폼에서 발생하거나, 결제대행업체를 통해서 발생할 경우에 내 매출이 얼마인지, 내가 소비자로부터 미리 받은 부가가치세는 얼마인지 직관적으로 파악하기가 어렵습니다. 부가가치세 구분 없이, 통장에 들어온 돈을 전부 다 내 돈인 줄 알고 써버렸는데 1월과 7월에 각각 6개월 치 부가가치세를 내려고 하면 문제가 생깁니다.

(1) 부가가치세 신고하기

2) 매입

매입도 크게 세금계산서 수취분, 신용카드·현금영수증 수령분으로 나뉩니다. 기본적으로는 세금계산서, 신용카드 및 체크카드 매출전표, 현금영수증 등 적격증빙이 있어야만 부가가치세 매입으로 인정해줍니다. 종종 계좌이체한 내역을 부가가치세 매입으로 반영해달라는 경우가 있는데, 계좌이체만으로는 부가가치세 공제를 받을 수 없습니다. 계좌이체를 했다면 세금계산서나 현금영수증을 받아야 합니다.

적격증빙이 있더라도 부가가치세법에서 매입세액공제를 안 해주는 것들이 있습니다. 이 부분은 뒤에서 다뤄보겠습니다.

3 / 간이과세자

1) 간이과세자 기준

간이과세자는 소규모 사업자에게 일종의 특혜를 주는 제도입니다. 일반과세자보다 부가가치세율도 낮고, 신고도 조금 더 간편합니다. 연 매출 1억400만 원 미만인 사업자를 소규모 사업자로 봅니다. 연중에 사업을 시작한 신규 사업자의 경우 연 환산 매출을 계산합니다.

연 환산 매출 = (매출 / 개업일부터 12월 말일까지의 월수) × 12개월

2) 간이과세자 종류

간이과세자는 매출 구간에 따라 크게 두 종류로 나뉩니다.

매출	연 매출 4,800만 원 미만	연 매출 4,800만 원 이상~ 1억400만 원 미만
명칭	간이과세자	간이과세자 (세금계산서 발급사업자)
세금계산서 발급	불가	가능
납부의무 면제	(납부할 세액이 나오더라도) 납부 면제	납부 면제 안 됨
부가가치세 신고	연 1회 (1월 1일~12월 31일 ⇒ 다음 해 1월 25일까지)	• 세금계산서 발행했다면, 연 2회 (1월 1일~6월 30일 ⇒ 7월 25일까지, 7월 1일~12월 31일 ⇒ 다음 해 1월 25일까지) • 세금계산서 발행하지 않았다면, 연 1회 (1월 1일~12월 31일 ⇒ 다음 해 1월 25일까지)

앞의 표에서 보듯, 간이과세자도 연 매출 4,800만 원 이상 1억400만 원 미만 구간에 속한다면 세금계산서 발급이 가능합니다. 다만, 신규 사업자는 무조건 세금계산서 발급이 불가능한 간이과세자로 분류되기 때문에 사업 초기부터 세금계산서 발급을 꼭 해야 한다면 일반과세자로 사업자등록을 해야 합니다.

간이과세자는 '납부의무 면저'라는 특례가 있습니다. 연 매출이

4,800만 원 미만인 간이과세자라면, 부가가치세 신고서를 작성했을 때 납부할 세액이 나오더라도 납부를 면제받습니다. 다만 신규 사업자라면, 이때도 연 환산 매출이 4,800만 원 미만인지 따지게 됩니다.

3) 간이과세자 세율

일반과세자는 업종에 관계없이 10%의 세율을 적용하지만, 간이과세자는 매출에 업종별 부가가치율을 곱한 뒤 10%를 곱해 부가가치세를 계산합니다. 업종별 부가가치율은 다음과 같습니다.

업종	부가가치율
소매업, 재생용 재료수집 및 판매업, 음식점업	15%
제조업, 농업 임업 및 어업, 소화물 전문 운송업	20%
숙박업	25%
건설업, 운수 및 창고업(소화물 전문 운송업은 제외), 정보통신업, 그 밖의 서비스업	30%
금융 및 보험 관련 서비스업, 전문 과학 및 기술서비스업(인물사진 및 행사용 영상 촬영업은 제외), 사업시설관리, 사업지원 및 임대서비스업, 부동산 관련 서비스업, 부동산임대업	40%

업종별 부가가치율인 15~40%에 10%를 곱하면 1.5~4%가 됩니다. 일반과세자와 달리, 간이과세자는 1.5~4%로 세금을 매긴다는 말입니다.

간이과세자는 매출세액을 계산할 때 큰 혜택을 주기 때문에,

4부 신고와 납부

매입에는 상대적으로 불이익을 줍니다. 일반과세자는 매입의 10%를 공제받을 수 있는데, 간이과세자는 매입의 0.5%만 공제받을 수 있습니다. 부가가치세 포함 1,100,000원짜리 물건을 구입했다면, 일반과세자는 100,000원을 공제받을 수 있지만 간이과세자는 5,500원만 공제받을 수 있습니다.

간이과세자의 부가가치세 겨산 구조는 다음과 같습니다.

매출(부가가치세 포함) × 부가가치율(15~40%) × 10% = 매출세액

– 매입(부가가치세 포함) × 0.5% = 공제세액

납부할 세액

간이과세자는 공제세액이 적기 때문에 이런 유혹을 받습니다. "어차피 간이과세자는 부가가치세 공제도 거의 못 받는데, 물건이나 서비스를 구매할 때 현금 주고 싸게 구입하면 안 되나요?" 현금 주고 싸게 구입했다는 생각은, 종합소득세 신고할 때가 돼서야 잘못됐다는 걸 알게 됩니다. 부가가치세는 일반과세자와 간이과세자를 다르게 취급하지만, 종합소득세는 모든 사업자를 동일하게 취급합니다. 종합소득세의 '비용'으로 인정받기 위해서는 세금계산서, 계산서, 신용카드 및 체크카드 매출전표, 현금영수증 등의 적격증빙이 있어야 합니다. 물건이나 서비스를 구매했는데도 적격증빙이 없어서 종합소득세 비용 처리를 못 하면, 본인의 종합소득세율(6~45%)만큼 종합소득세를 더 내게 됩니다. 부가가치세 포함 1,100,000원짜리 물건을 구입하고 적격증빙을 받았다면, 일반과세자는 부가가치세로

(1) 부가가치세 신고하기

공제받은 100,000원을 빼고 1,000,000원을 종합소득세 비용으로 처리합니다. 간이과세자는 1,100,000원 전액을 종합소득세 비용으로 처리합니다.

4) 간이과세자의 단점

간이과세자는 부가가치세 환급이 불가능합니다. 사업을 시작할 때 간이과세자가 왠지 더 세금을 적게 낼 것 같아서 간이과세자로 사업자등록을 하는 경우가 많은데요. 부가가치세 신고를 의뢰받아 신고서를 작성하다보면, 간이과세자가 아니었다면 더 적은 세금을 내거나 부가가치세 환급을 받을 수 있는 사업자들을 보게 됩니다.

- 사업 초기에 인테리어 등 시설 투자를 하거나, 기계장치, 비품 등 고정자산 구매가 많은 경우
- 매출보다 매입이 크거나, 매출과 매입이 비슷한 경우

간이과세자보다 일반과세자가 유리할 수 있습니다.

5) 일반과세자 전환

간이과세자의 연 매출이 1억400만 원 이상이면 다음 해 7월 1일부터 일반과세자로 전환됩니다. 다시 말해, 다음 해 1월 1일부터 6월 30일까지는 여전히 간이과세자입니다. 7월 25일까지 간이과세자로서의 마지막 부가가치세 신고를 하게 됩니다. 7월 1일부터 12월 31일까지는 일반과세자로 그다음 해 1월 25일까지 처음으로 일반과세자 부가가치세 신고를 합니다.

4 / 면세사업자

1) 사업장현황신고

일반과세자나 간이과세자는 부가가치세 신고를 통해 자신들의 수입금액(흔히 말하는 '매출')이 얼마인지 신고하게 됩니다. 국세청은 이 자료를 바탕으로 종합소득세 신고 안내문을 발송합니다. 종합소득세 신고 안내문에는 기장의무에 관한 유형은 물론, 어떤 경비율을 적용받는지, 성실신고 대상인지 등의 정보가 나와 있습니다.

그런데 면세사업자의 경우는 부가가치세 신고를 하지 않기 때문에 국세청에서 수입금액을 파악하기 어렵습니다. 그러면 종합소득세 신고 안내문에도 정확한 정보가 나오지 않아 납세자가 불이익을 볼 수 있습니다 이러한 이유로 면세사업자는 '사업장현황신고'를 하는 것입니다.

사업장현황신고는 1월 1일부터 12월 31일까지의 내용을 이듬해 2월 10일까지 신고해야 합니다. 일반적인 세금신고와 다르게 사업장현황신고를 한다고 해서 내야 할 세금은 없습니다.

연간 매출과 매입을 정리해서 신고하게 되며 의사나 학원사업자 등 일부 업종은 어떻게 매출이 발생했는지를 더 자세히 기록한 수입금액검토표도 함께 제출해야 합니다.

2) 가산세

• 사업장현황신고 불성실 가산세

의료업, 수의업, 약국을 운영하는 사업자가 사업장현황신고를 하지 않거나 수입금액을 낮게 신고한 때에는 신고하지 않은 수입금액 또는 미달하게 신고한 수입금액의 0.5%를 종합소득세 신고 때 납부해야 합니다.

• 보고불성실 가산세

사업자(소규모 사업자 제외)가 매출, 매입처별 계산서합계표 및 세금계산서합계표를 제출기한 내에 제출하지 않거나, 기재사항의 전부 또는 일부가 기재되지 않았거나 사실과 다르게 기재된 경우 공급가액의 0.5%에 해당하는 금액이 종합소득세 결정세액에 더해질 수 있습니다(소규모사업자는 신규 사업자, 직전연도 수입금액 4,800만 원 미만인 사업자, 사업소득 연말정산자 등을 의미합니다).

5 / 누락 없는 매출 파악

혼자 부가가치세 신고를 할 때 가장 많이 하는 실수가 매출 누락입니다. '국세청 홈택스가 내 매출을 알아서 잡아주겠지?' 하며 불러오기만 하고 신고서를 제출하는 경우가 종종 있는데요. 본인의 매출은 본인이 집계해야 합니다.

모든 매출이 전자세금계산서와 전자계산서, 신용카드 및

체크카드 매출전표, 현금영수증으로만 발생한다면 매출을 누락할 일이 없을 겁니다. 그런데 인터넷 상거래가 발달하면서 매출이 다양한 방식으로 발생하게 됐습니다. 인터넷 플랫폼별로, 결제대행업체별로 매출을 집계하는 방식이 다르거든요.

생각보다 많은 사업자들이 본인의 매출이 어떤 사이트에서 얼마나 발생하는지 관리하고 있지 않습니다. 세무사인 제가 "혹시 이 사이트 매출 있으신가요?" 물어보고 매출을 찾아내는 경우도 많습니다. 매출이 발생하는 사이트에서는 수수료에 대한 매입 세금계산서를 발급하기 때문에 수수료 세금계산서가 있는 경우 매출이 있겠구나 추측이 가능합니다. 하지만 모든 사이트에서 그러는 건 아니기 때문에 이렇게 매출을 찾는 것은 한계가 있습니다.

매출 누락을 피하기 위해서는 평소에 매출이 발생하는 모든 사이트의 아이디, 비밀번호를 다음과 같이 표를 만들어 정리해두시길 권해드립니다.

[예시]

	아이디	비밀번호	매출 확인 방법
네이버 스마트스토어			[정산관리] → [부가세신고 내역] → 기간 설정 후 '검색' → '월별내역 다운'
쿠팡			쿠팡 Wing 1. [정산] → [부가세 신고내역] → [중개]부가세신고내역(구매확정) 2. [정산] → [부가세 신고내역] → [로켓그로스]부가세신고내역(결제완료)
브랜디			[정산] → [부가세 참고자료] → 기간 선택 후 우클릭 '인쇄'

1) 신용카드 등의 사용에 따른 세액공제

인터넷 사이트 매출을 잘 관리하면 '신용카드 등의 사용에 따른 세액공제'를 받을 수 있는 금액이 커집니다. 매출 관리를 잘하기만 해도 부가가치세를 덜 낼 수 있다는 얘기입니다. 부가가치세를 줄일 수 있는 방법은 이 세액공제가 거의 유일합니다.

소비자들이 각 사이트에서 결제를 할 때는 신용카드나 체크카드를 이용하기도 하고, 계좌이체 후 현금영수증 신청을 하기도 합니다. 포인트로 결제하거나, 핸드폰 결제를 하는 경우도 있습니다. 소비자들의 다양한 결제방식 중 국세청이 인정하는 카드, 현금영수증, 결제대행업체 매출이 있다면 부가가치세 세액공제를 해줍니다.

세액공제 요건(부가가치세법 제46조)

1. 사업자 요건

① 일반과세자 중 주로 사업자가 아닌 자에게 재화 또는
　용역을 공급하는 사업으로서 법으로 정하는 사업을 하는
　사업자(법인사업자 X, 직전 연도 매출 10억 원 초과하는
　개인사업자 X)

② 간이과세자

2. 거래증빙서류

신용카드매출전표, 현금영수증, 결제대행업체를 통한
　신용카드매출전표 등

3. 공제금액

발급금액 또는 결제금액의 1.3%(한도: 1천만 원, 2026년 12월

결제대행업체 매출은 부가가치세신고서의 신용카드·현금영수증란에 들어갈 수도 있고, 기타란에 들어갈 수도 있습니다. 기타란에 들어가는 매출에 대해서는 세액공제가 안 되지만, 신용카드·현금영수증란에 들어가는 매출은 세액공제가 됩니다. 그러면 어떤 매출을 반영할 수 있을까요?

국세청 홈택스 홈에서 [계산서·영수증·카드] → [신용카드 매출] → [신용카드·판매(결제)대행 매출자료 조회]

위 경로로 들어가면, 맨 아래쪽에 판매(결제)대행 매출자료 조회라는 부분이 있습니다. 부가가치세법에 따라, 판매나 결제를 대행하는 업체들이 매 분기의 다음 달 15일까지 국세청에 매출자료를 제출하는데요. 여기에 뜨는 대부분 업체 매출은 신용카드 세액공제가 가능하다고 생각하시면 됩니다.

구체적으로 어떤 사이트의 매출은 세액공제가 되고, 어떤 사이트의 매출은 세액공제가 안 되는지 알아보고 싶다면 금융소비자 정보포털 '파인'(fine.fss.or.kr)에서 [금융회사 정보] → [전자금융업] → [등록현황 조회]로 들어가보세요.

여기에서 내 매출이 발생하는 사이트를 검색했을 때 '전자지급결제대행업(PG)'에 동그라미가 쳐져 있다면, 해당 사이트 매출은 신용카드 세액공제가 가능합니다.

전자금융업 등록 현황

No.	등록날짜	전자금융업자명	선불전자지급수단발행업	직불전자지급수단발행업	전자지급결제대행업(PG)	결제대금예치업(ESCROW)
1	2007-04-19	㈜아이비	●		● ('11.10.11 등록)	
2	2007-05-16	이지스엔터프라이즈㈜			●	
3	2007-06-19	㈜케이에스넷	● ('19.1.11 등록)		●	●
4	2007-06-20	㈜티머니	●		●	
5	2007-06-20	㈜엘지씨엔에스			●	● ('16.5.10 등록)
6	2007-06-25	㈜케이지이니시스	● ('21.4.21 등록)	● ('25.9.16 등록)	●	● ('07.11.13 등록)
7	2007-06-28	한국정보통신㈜	● ('14.2.10 등록)	● ('14.2.10 등록)	●	● ('11.4.20 등록)
8	2007-06-28	나이스정보통신㈜	● ('10.9.17 등록)	● ('25.10.1 등록)	● ('20.7.14 등록)	● ('25.10.1 등록)
9	2007-06-29	㈜페이게이트			●	●
10	2007-06-29	㈜지마켓	●		●	●
11	2007-06-29	㈜케이지모빌리언스	● ('21.6.23 등록)	● ('12.12.28 등록)	●	● ('12.8.10 등록)
12	2007-06-29	효성에프엠에스㈜			●	
13	2007-06-29	씨제이올리브네트웍스㈜	● ('18.11.21 등록)		●	
14	2007-06-29	엔에이치엔케이씨피㈜	● ('24.12.16 등록)		●	●
15	2007-07-13	㈜동서아이티에스				
16	2007-07-19	㈜카카오	●		●	● ('19.9.23 등록)
17	2007-07-25	브이피㈜			●	
18	2007-09-18	㈜헥토파이낸셜	● ('19.5.29 등록)	● ('25.9.16 등록)	●	● ('15.4.8 등록)

2) 매출 중복 방지

매출이 누락되지 않는 것도 중요하지만, 매출이 중복으로 잡히는 것도 유의해야 합니다. 많은 분들이 이용하는 네이버 스마트스토어의 예를 보면, 현금영수증(소득공제), 현금영수증(지출증빙) 매출은 이미 홈택스에 현금영수증 매출로 잡혀 있습니다. 매출을 두 번 잡으면 안 되기 때문에, 각 사이트마다 매출을 어떻게 반영해야 하는지 엑셀로 정리해두시는 게 좋습니다.

4부 신고와 납부

6 / 증빙 서류

부가가치세 신고할 때 세무대리인이 요청하는 서류는 보통 다음과 같습니다. 직접 세금신고를 하더라도 다음의 자료를 준비하고 신고를 하면 시간과 노력은 줄고 정확성은 올라갈 수 있으니, 함께 준비해보길 추천합니다.

1) 임대차계약서

사업장을 임차할 경우, 세금계산서가 제대로 들어왔는지 확인하기 위한 서류입니다. 부가가치세를 포함한 월세를 지급했는데 세금계산서를 못 받았다면 임대인데게 연락해 세금계산서를 받아야 합니다.

2) 종이로 주고받은 세금계산서 및 계산서

간혹 임대인이 이메일로 종이세금계산서를 보내는 경우가
있습니다. 임차료뿐만 아니라, 물건이나 서비스를 사거나 팔 때 종이로
세금계산서 및 계산서를 주고받았다면 잘 보관했다가 신고할 때 직접
세금계산서를 입력해야 매입으로 반영이 됩니다.

3) 국세청 홈택스에 등록하지 않은 사업용 신용·체크카드 엑셀 파일

평소보다 부가가치세가 월등히 많이 나왔다면 신용·체크카드
매입 내역이 누락된 건 아닌지 체크해봐야 합니다. 우선 국세청
홈택스에 내가 사업용으로 쓰는 카드가 전부 '사업용 신용카드'로
등록돼 있는지 확인해보세요.

국세청 홈택스에 카드 등록은 돼 있는데 내용이 안 뜬다면?
카드를 사용한 달보다 늦게 등록한 건 아닌지 체크해보세요. 카드는
4월부터 사용했는데, 국세청 홈택스 '사업용 신용카드' 등록은 8월에
했다면, 8월 내역부터 국세청 홈택스에서 확인할 수 있습니다.
4~7월의 매입 내역이 누락되면 세금을 더 많이 내게 되겠죠? 카드
사용과 동시에 사업용 신용카드 등록을 하고, 등록이 늦었다면 해당
내역을 '엑셀 파일'로 반영해야 매입을 누락하지 않습니다.

부가가치세 신고용 엑셀 파일에는 ① 카드번호 ② 이용일 ③
공급가액 ④ 부가가치세 ⑤ 상호 ⑥ 사업자번호가 필수적으로 나와
있어야 합니다.

4부 신고와 납부

4) 오픈마켓 및 소셜커머스 매출

쿠팡, 네이버 스마트스토어, 11번가, 지마켓, 옥션, 인터파크, 아이디어스, 크몽, 숨고 등 오픈마켓이나 소셜커머스 매출이 있는 경우 각 사이트에서 매출 확인을 해야 합니다. 평소에 각 사이트 아이디, 비밀번호를 잘 챙겨두세요. 그리고 사이트별 매출 확인하는 방법에 따라 매출 자료를 준비하시면 됩니다. 사이트별 매출 확인하는 방법은 저희 홈페이지에 정리해두었습니다. https://www.raumtax.com/faq

5) 배달 앱 매출

배달의민족, 요기요, 쿠팡이츠 등 배달 앱 매출이 있는 경우 각 사이트에서 매출 확인을 해야 합니다. 평소에 각 사이트 아이디, 비밀번호를 잘 챙겨두세요. 그리고 사이트별 매출 확인하는 방법에 따라 매출 자료를 준비하시면 됩니다.

6) 현금영수증 발급하지 않은 순수 현금 매출과 계좌이체 매출

월별로 현금 매출을 정리했다면, 부가가치세 신고할 때 현금 매출을 신고서에 넣어주어야 합니다. 현금 매출 누락에 따른 불이익은 앞에서 설명드렸습니다.

7) 제로페이, 카카오페이 등 결제대행업체 매출

각 사이트 아이디, 비밀번호를 잘 챙겨두시고, 사이트별 매출 확인하는 방법에 따라 매출 자료를 준비해주세요.

8) 유튜브 매출

구글 애드센스 사이트에서 월별 지급내역을 캡처해주세요.
은행에서 외국환매입증명서도 받아야 합니다. 월별 지급내역 중
'은행계좌로 송금'된 내역이 매출(US$)이며, 매출을 해당 날짜의 환율을
적용해 원화로 환산한 금액으로 부가가치세 신고서를 작성하게
됩니다. 환율은 서울외국환중개 환율(http://www.smbs.biz/ExRate/
StdExRate.jsp)을 사용하시면 됩니다.

9) 수출입 매출/매입

수출신고필증, 수입신고필증, 인보이스, 통관 관련 영수증을
준비해야 합니다.

각 사이트 매출과 마찬가지로, 수출 관련 매출이 있다면 꼭 별도로
매출을 잡아줘야 합니다. 매출을 잡을 때는 기본적으로 선적일의 환율을
수출신고필증의 결제금액에 곱해 영세율(0%의 세율)을 적용하면 됩니다.

10) 세금계산서 매입과 카드 매입 중복 확인

원칙적으로 물품이나 서비스를 구매하고 카드로 결제한다면
세금계산서를 받을 수 없습니다. 그런데 광고비 등의 경우 인터넷
사이트를 이용할 때 카드로 충전을 하고, 해당 내역이 소진될 때
세금계산서가 발행됩니다. 하나의 결제 내역에 대해 카드매출전표와
세금계산서가 동시에 발생하기 때문에, 둘 다 매입으로 반영하면
매입세액을 과다하게 공제받게 됩니다. 이 경우 카드매출전표를
제외하고, 세금계산서로만 매입세액을 공제받아야 합니다.

7 / 매입세액공제가 안 되는 경우

일반과세자는 매출의 10%를 부가가치세로 내지만, 매입의 10%도 공제해줍니다. 어떤 매입이 해당될까요?

일반과세자가 사업에 사용하려고 110만 원짜리 노트북을 구매했습니다. 세금계산서를 받았더니 100만 원은 공급가액이라고 돼 있고, 10만 원은 부가가치세라고 돼 있습니다. 그럼 부가가치세 신고할 때 10만 원이 매입세액으로 들어갑니다. 그래서 매출세액에서 매입세액 10만 원을 빼주게 됩니다.

매입세액공제 대원칙:

사업과 관련해 지출한 비용은 매입세액 10%를 공제

다만 다음과 같은 경우 공제가 되지 않습니다.

1) 연 매출 4,800만 원 미만 간이과세자로부터 구입한 물품이나 서비스

간이과세자 중에서도 매출 4,800만 원 미만인 간이과세자에게서 물품이나 서비스를 결제할 경우 매입세액공제가 불가능합니다. 간이과세자라도 매출 4,800만 원 이상, 1억400만 원 미만인 '세금계산서 발급사업자'에게서 물품이나 서비스를 결제했다면 매입세액공제를 받을 수 있습니다.

(1) 부가가치세 신고하기

2) 사업과 직접 관련이 없는 지출

매입세액공제의 대원칙이 '사업과 관련해 지출한 비용'이기 때문에 개인적으로 사용한 가사용 비용은 매입세액공제를 받을 수 없습니다.

정말 많은 사업자가 본인의 식비나 거주하는 집의 월세 등도 부가가치세 매입세액공제가 되는 거 아니냐고 물어봅니다. 그런데 이런 비용은 사업을 하지 않아도 삶을 영위하기 위해 발생하는 가사용 비용에 해당합니다. 사업과 직접적으로 연관된 비용이 아니므로, 부가가치세 공제를 받을 수 없다는 점을 기억해두세요.

직원이 없는 1인 사업자가 식비나 가사용 비용을 전부 매입세액공제 받아 부가가치세 신고를 하면 종종 세무서에서 연락이 옵니다. 연락을 받으면 기존에 넣었던 매입세액공제는 전부 부인당하고요. 잘못 공제받아 덜 낸 세금에 더해 부가가치세 과소신고가산세와 납부지연가산세까지 추가 납부해야 합니다.

업무와 관련이 없는 자산을 취득할 때도 매입세액공제를 받을 수 없습니다. 집에서 사용할 TV, 에어컨, 냉장고 등을 구매하고 매입세액공제를 받을 수 없다는 얘기입니다.

3) 접대비(기업업무추진비) 및 이와 유사한 비용

거래처와 식사를 하거나, 거래처에 선물을 주는 등의 이유로 돈을 쓸 경우 사업과 직접 관련은 있습니다. 다만, 부가가치세법에서 이런 비용은 '접대비(기업업무추진비)'로 분류하고 매입세액공제를 해주지 않겠다고 정했습니다. 다만 종합소득세 신고할 때는 접대비

한도까지 비용 처리할 수 있습니다.

접대비(기업업무추진비)의 정의는 다음과 같습니다. "접대, 교제, 사례 또는 그 밖에 어떠한 명목이든 상관없이 이와 유사한 목적으로 지출한 비용으로서 사업자가 직접적 또는 간접적으로 업무와 관련이 있는 자와 업무를 원활하게 진행하기 위하여 지출한 금액."

4) 자동차의 구입과 임차 및 유지에 관한 매입

운수업, 자동차판매업 등 직접 자동차를 영업에 사용하는 경우가 아니면 전부 '업무용' 자동차라고 봅니다. 업무용 자동차를 구입하거나 임차하거나 유지하는 데 사용하는 비용은 전부 매입세액공제를 받을 수 없습니다. 유류비, 보험료, 수선비, 자동차세, 통행료 등은 전부 업무용 자동차를 유지하는 데 사용하는 비용에 해당합니다.

다만 예외적으로 매입세액공제를 받을 수 있는 차종이 있습니다. 대표적으로는 경차 중 레이나 모닝, 그리고 카니발 9인승이 여기에 해당합니다.

매입세액공제가 가능한 업무용 자동차 기준은 다음과 같습니다.

- 배기량 1000cc 이하이면서 길이 3.6미터 이하, 폭 1.6미터 이하인 승용자동차
- 길이 3.6미터 이하, 폭 1.6미터 이하인 전기승용자동차
- 정원 9인승 이상의 승용차·승합차
- 화물차, 밴(VAN)형 자동차
- 125cc 이하 이륜자동차

· (1) 부가가치세 신고하기

5) 세금계산서를 발급받지 않았거나, 발급받은 세금계산서의 '필요적 기재사항'에 오류가 있는 경우

적격증빙인 세금계산서, 현금영수증, 신용카드매출전표 등이 있어야 부가가치세 매입세액공제를 받을 수 있습니다. 계좌이체한 비용에 대해서는 반드시 세금계산서를 발급받아야 합니다.

세금계산서를 발급받았을 때 '필요적 기재사항'이 제대로 들어가 있는지 확인해봐야 합니다. 기껏 발급받았는데 필요적 기재사항이 제대로 안 적혀 있어 매입세액공제를 받지 못할 수 있습니다. 2부에 나온 필요적 기재사항을 다시 정리해볼게요.

- 공급하는 사업자의 등록번호와 성명 또는 명칭
- 공급받는 자의 등록번호
- 공급가액과 부가가치세액
- 작성 연월일

6) 매입처별 세금계산서합계표를 제출하지 않았거나, 합계표 기재사항 중 '거래처별 등록번호' 또는 '공급가액'에 오류가 있는 경우

부가가치세 신고할 때는 세금계산서합계표라는 걸 제출합니다.

매입 세금계산서합계표에는 부가가치세 과세기간 동안 몇 건의 세금계산서를 받았는지, 총 공급가액은 얼마이며 총 매입세액은 얼마인지 나옵니다. 세부적으로 각각의 거래처 사업자등록번호와 받은 세금계산서 건수, 합계금액이 기재돼 있는데요. 거래처별 등록번호와

매입 전자세금계산서 합계표
(2025년2기 (예정+확정))

인적사항

사업자번호	810-02-01846	종사업장번호		상호(법인명)	라용세무회계
성명(대표자)	김현주			사업장소재지	
거래기간	2025-07-01 ~ 2025-12-31				

매입 전자세금계산서 총합계

(단위 : 건,원)

구분	매입처수	매수	공급가액	세액	합계금액
합계	20	76	20,426,214	2,042,609	22,468,823
사업자등록번호 수취분	20	76	20,426,214	2,042,609	22,468,823
주민등록번호수취분	0	0	0	0	0

번호	공급자 사업자등록번호	상호(법인명)	매수	공급가액	세액	합계금액	수취구분
1	220-		4	672,372	67,235	739,607	사업자
2	504-		2	18,480	1,848	20,328	사업자
3	123-		1	130,000	13,000	143,000	사업자
4	120-		4	533,219	53,322	586,541	사업자
5	220-		2	123,919	12,391	136,310	사업자
6	815-		6	398,635	39,859	438,494	사업자
7	407-		4	1,200,000	120,000	1,320,000	사업자
8	637-		5	10,500,000	1,050,000	11,550,000	사업자
9	214-		10	650,000	65,000	715,000	사업자
10	106-		5	386,365	38,635	425,000	사업자
11	350-		1	200,000	20,000	220,000	사업자
12	120-		4	101,560	10,155	111,715	사업자
13	107-		1	3,000,000	300,000	3,300,000	사업자
14	331-		4	260,000	26,000	286,000	사업자
15	416-		2	380,000	38,000	418,000	사업자
16	590-		5	72,275	7,225	79,500	사업자
17	214-		6	535,000	53,500	588,500	사업자
18	120-		4	542,389	54,239	596,628	사업자
19	215-		1	300,000	30,000	330,000	사업자

공급가액 부분이 제대로 제출돼야 문제없이 매입세액을 공제받을 수 있습니다.

(1) 부가가치세 신고하기

7) 면세사업등에 관련된 매입세액과 토지에 관련된 매입세액

과세사업과 면세사업을 동시에 하는 경우, 과세사업과 관련된 매입세액은 공제받을 수 있지만 면세사업과 관련된 매입세액은 공제받을 수 없습니다.

사업장을 임차해 과세 물품(조화)도 팔고 면세 물품(생화)도 파는 꽃집을 예로 들어보겠습니다. 사업장 월세는 과세 사업(조화 판매)에도 사용되고, 면세 사업(생화 판매)에도 사용됩니다. 이 경우 월세 매입세액 중 과세 사업에 사용되는 부분만 매입세액공제를 받을 수 있으며, 면세 사업에 사용되는 부분은 매입세액공제를 받을 수 없습니다. 원칙적으로 월세 매입세액 × 면세 공급가액 / (과세 공급가액 + 면세공급가액)만큼 매입세액공제가 불가능합니다.

토지에 관련된 매입세액도 공제되지 않습니다. 토지는 '면세 재화'입니다. 부동산 임대업을 하기 위해 토지와 건물을 함께 구매할 경우 건물의 가격에만 10%의 부가가치세가 붙습니다. 토지를 구매할 때 부가가치세를 안 내기 때문에, 공제받을 매입세액도 없습니다.

8) 사업자등록을 신청하기 전의 매입세액

사업자등록을 신청하기 전의 매입세액은 공제받을 수 없습니다. 다만 공급시기가 속하는 과세기간이 끝난 후 20일 이내에 등록 신청을 한 경우, 과세기간 기산일부터는 매입세액을 공제받을 수 있습니다. 즉 7월 20일까지 사업자등록을 하면 1월 1일부터 6월 30일까지의 매입을 공제받을 수 있고, 다음 해 1월 20일까지 사업자등록을 하면 7월 1일부터 12월 31일까지의 매입을 공제받을 수 있다는 얘기입니다.

4부 신고와 납부

실무에서는 사업자등록을 안 하고 사업을 하다가, 나중에
세무서에 매출이 적발돼 소급해서 사업자등록을 하는 경우 문제가
됩니다. 매출은 전부 다 신고해야 하는데, 사업자등록은 뒤늦게 하기
때문에 매입은 하나도 공제받을 수 없는 상황이 되는 거죠. 이런
일이 없도록, 사업자등록은 무조건 사업개시일로부터 20일 이내에
신청하는 게 좋습니다.

9) 특정 업종에서 발생한 매입세액

① 목욕·이발·미용업

② 여객운송업

③ 입장권을 발행하여 경영하는 사업

④ 요양급여의 대상에서 제외되는 진료용역

⑤ 수의사가 제공하는 동물의 진료용역

⑥ 무도학원, 자동차운전학원

위에서 언급한 '특정 업종'은 부가가치세법에서 세금계산서
발급을 금지하고 있기 때문에, 신용카드로 결제하더라도
매입세액공제를 받을 수 없습니다. 영화 관련 사업을 하는 사업자가
'영화관람권'을 결제하더라도 매입세액공제를 받을 수 없는 이유가 이
때문입니다.

국세청 홈택스에서 사업용신용카드 공제/불공제 변경하기

공제와 불공제가 잘못되어 있다면 홈택스에서 변경할 수 있습니다.

[계산서·영수증·카드] → [신용카드 매입] → [사업용 신용카드 사용내역] → [매입세액 공제 확인/변경]

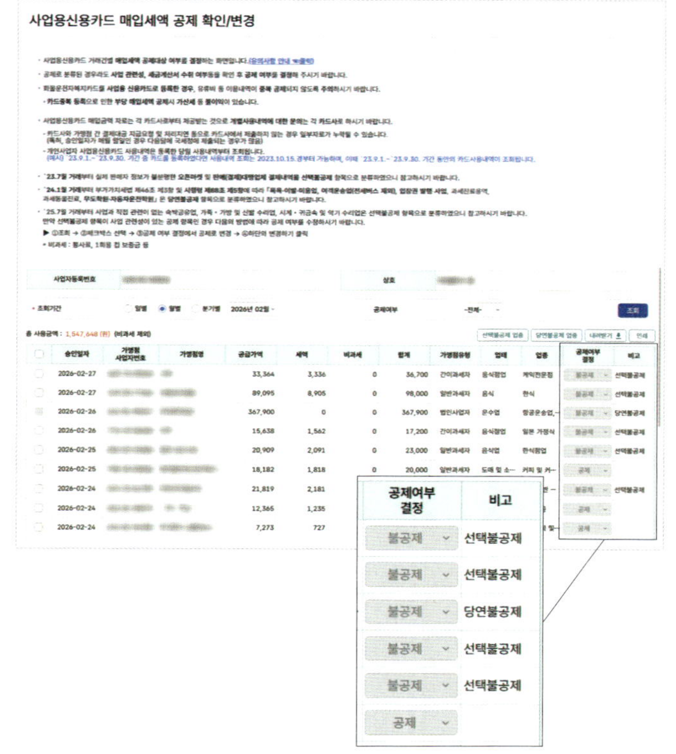

사업자등록번호를 선택하고 조회기간을 선택하면 사업용 신용카드로 사용한 내역이 전부 나옵니다. 해당 전표를 체크하면 공제여부 결정란이 공제/불공제를 선택할 수 있도록 바뀝니다.

비고란에 '선택불공제'나 '당연불공제(간이불공제 등)'라는 문구가
뜰 겁니다. 불공제로 되어 있는 항목 중에 공제 대상이거나, 그 반대의
경우라면 수정해야 합니다.

- 선택불공제: 국세청이 사업무관, 접대관련, 개인가사지출, 비영업용
  자동차 등이라고 생각하고 임의로 불공제한 것이기 때문에 사업
  용도로 이용한 건이라면 공제로 수정하시면 됩니다.
- 당연불공제: 간이과세자 및 면서 사업자, 불공제대상 사업자와의
  거래이기 때문에 공제로 수정이 불가능합니다.

8 / 부가가치세 예정고지

1) 예정고지

부가가치세 신고를 하고 납부를 했는데, 또 부가가치세를
내라는 고지서가 오면 참 당황스러우실 겁니다. 일반과세자는 4월과
10월에, 간이과세자는 7월에 부가가치세 예정고지서를 받게 되는데요.
부가가치세 예정고지는 납세자가 부가가치세를 6개월에 한 번,
1년에 한 번 납부하게 되면 자금 부담이 생기니 그 절반을 미리미리
납부하도록 한 제도입니다. 이렇거 함으로써 국가 재정도 조기에
확보할 수 있죠.

일반과세자는 1월에 신고·납부한 금액의 절반을 4월 25일까지
납부하고, 7월에 신고·납부한 금액의 절반을 10월 25일까지
납부합니다. 간이과세자는 1월에 신고·납부한 금액의 절반을 7월

(1) 부가가치세 신고하기

25일까지 납부합니다. 미리 납부한 부가가치세는 다음 신고할 때 내야 할 부가가치세에서 빼줍니다. 또한 예정고지할 금액이 50만 원 미만이면 고지서를 보내지 않습니다.

독 촉 장

오른쪽 「독촉일 현재 체납국세」에 적힌 세금이 체납되었으니 이 독촉장 또는 이미 발부받은 납부고지서에 의하여 체납액을 한국은행 국고(수납)대리점인 은행 또는 우체국 등에 납부하시기 바랍니다.

2023 년 11 월 04 일
세무서장 (인)

독 촉 납 부 기 한	2023 년 11 월 24 일까지

1. 독촉납부기한까지 체납액을 완납하지 않을 때에는 「국세징수법」 제31조 제1항에 따라 귀하의 재산을 압류하게 됩니다.
2. 이미 체납액을 납부하신 경우에는 이 독촉장을 폐기하시기 바랍니다.

가상계좌 (23:00 까지 납부 가능합니다)	유효기간 2024.10.01 (예약이체불가)
국세계좌	신한
국민	우리
기업	하나은행

이 독촉장 관련 문의 연락처는 아래와 같습니다
＞ 과세사유, 산출근거, 송달 등
☎
＞ 체납관련 납부방법, 납부계획 등
☎

독촉일 현재 체납국세

세 목 명	(2023.10.26)까지 납부할 금액
부가가치세	1,415,000
납부지연가산세(납부기한 후)	42,450

납부일자별	납부할 금액	납부일자별	납부할 금액
2023.10.26 까지	1,457,450		
2023.10.27 부터	1,457,450		

어차피 나중에 신고할 건데, 고지서대로 안 내면 안 되냐는 분들도 있습니다. 예정고지된 부가가치세를 납부하지 않으면 세무서가 독촉장을 보냅니다. 국세 체납으로 잡히며, 납부지연가산세(3% + 1일 0.022%)까지 붙기 때문에 제때 납부해야만 합니다. 단, 예정고지된 금액이 150만 원 미만인 경우 1일 0.022%의 가산세는 추가로 붙지 않습니다.

2) 예정신고

예정고지서대로 부가가치세를 미리 내는 대신, 예정신고를 할 수도 있습니다. 휴업이나 사업 부진 등으로 인해 다음과 같은 요건을 충족할 경우 예정신고를 통해 부가가치세를 덜 낼 수 있습니다.

① 일반과세자

- 1~3월의 매출 또는 부가가치세 납부할 세액 < 1월에 신고한 하반기 매출 또는 납부한 부가가치세의 1/3
- 7~9월의 매출 또는 부가가치세 납부할 세액 < 7월에 신고한 상반기 매출 또는 납부한 부가가치세의 1/3

② 간이과세자

- 1월~6월의 매출 또는 부가가치세 납부할 세액 < 1월에 신고한 연간 매출 또는 납부한 부가가치세의 1/3

부가가치세를 빨리 돌려받아야 하는 상황이라면 예정신고를 해서 조기환급을 받을 수 있습니다.

종합소득세 신고하기

종합소득금액 — 개인별 이자소득, 배당소득, 사업소득(=매출−비용), 근로소득, 연금소득, 기타소득 합계액

− 소득공제 — 인적공제 — 기본공제: 본인, 배우자, 부양가족
추가공제: 경로우대, 장애인, 부녀자, 한부모가족

특별소득공제
주택담보노후연금이자 비용공제
연금보험료공제
조특법상소득공제 — 개인연금저축
신용카드 등 사용금액
소기업 소상공인 공제부금
주택마련저축
기타

종합소득과세표준
× 세율(6~45%)

산출세액

−세액감면·공제 — 창업중소기업 세액감면
중소기업 특별세액감면
기장세액공제
외국납부세액공제
재해손실세액공제
근로소득세액공제
자녀세액공제
연금계좌세액공제
특별세액공제(보험료, 의료비, 교육비, 기부금)

결정세액
+ 가산세
− 기납부세액

납부할 세액

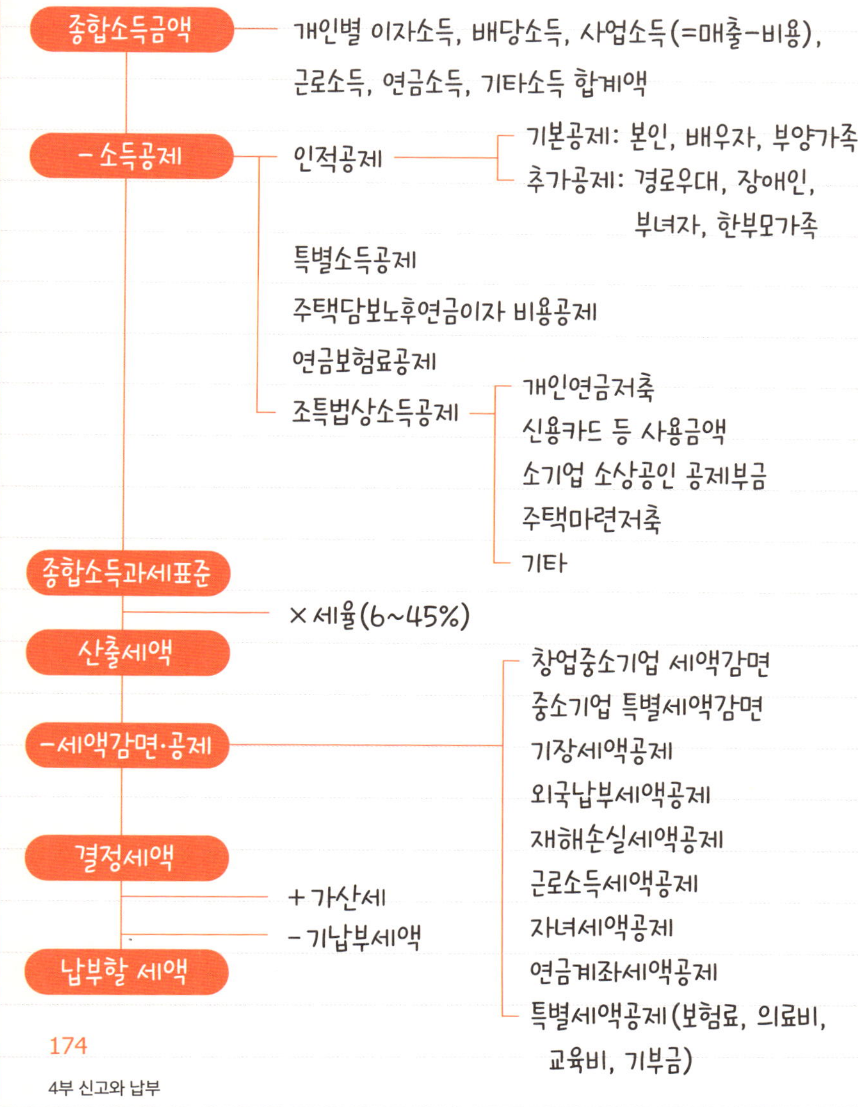

장부 ✕
단순경비율
신규
소규모(전년도 수입
2,400/3,600/6,000만 원 미만)
기준경비율
※ 무기장 가산세 있음
장부 ○
간편장부
신규
소규모(전년도 수입
7,500/1.5억/3억 원 미만)
복식부기

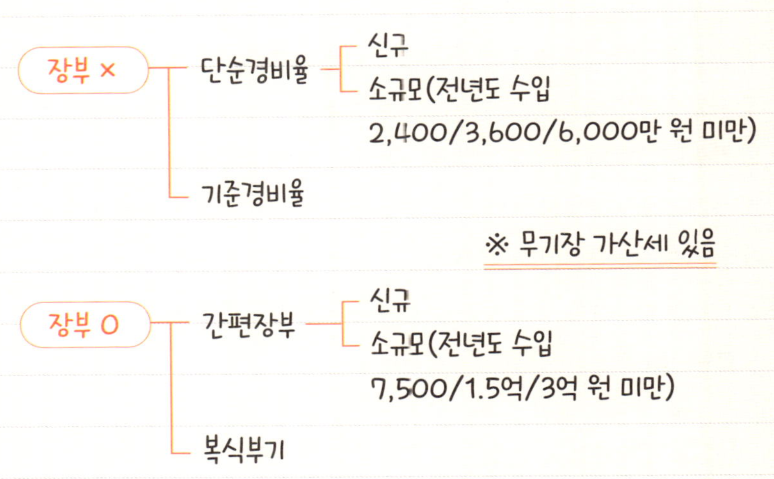

(2) 종합소득세 신고하기

1 / 종합소득세의 의미와 세율

소득이 발생한 개인이라면 종합소득세 신고를 해야 합니다. 간혹 상담을 하다보면 "금액이 얼마 안 되어서 이런 금액까지 신고를 해야 할까요?" 물어보는 분들도 있는데요. 신고와 납세는 다른 문제입니다. 금액이 적어도 신고는 해야 합니다. 금액이 적다면 경우에 따라서는 세금이 나오지 않을 수도 있고요. 혹시 미리 낸 세금이 있다면 돌려받을 수도 있죠. 아무튼 우리는 한 해 동안 우리가 번 이자소득, 배당소득, 사업소득, 근로소득, 연금소득, 기타소득을 합쳐서 다음해 5월 말까지 세금신고를 해야 합니다.

매출이 높아 세금이 많이 나올 것 같다고 걱정하는 분들이 있는데요. 절반은 맞고 절반은 틀린 얘기입니다. 보통 매출이 높다면 비용을 빼고도 이익이 많이 남을 가능성이 있습니다. 이런 경우라면 세금이 걱정되겠죠. 하지만 매출이 높더라도 비용이 많거나 심지어 비용이 매출보다도 많다면 이익이 거의 없거나 오히려 손실이 나서 세금이 없을 수 있습니다. 이처럼 세금이라는 건 우리가 벌어들인 이익, 즉 매출에서 비용을 빼고 남은 순수한 '내 것'만 계산해 납부하는 것이죠. 다음 표를 보시면 우리나라 종합소득세는 과세표준에 따라 적용되는 세율이 다릅니다.

과세표준		세율	누진공제액
초과	이하		
	1,400만 원	6%	-
1,400만 원	5,000만 원	15%	1,260,000원
5,000만 원	8,800만 원	24%	5,760,000원
8,800만 원	1억 5,000만 원	35%	15,440,000원
1억 5,000만 원	3억 원	38%	19,940,000원
3억 원	5억 원	40%	25,940,000원
5억 원	10억 원	42%	35,940,000원
10억 원		45%	65,940,000원

(지방소득세 10% 별도)

과세표준은 앞에 나온 순이익에서 각종 소득공제를 제외하고 나온 수치입니다. 그리고 순이익을 세법에서는 '소득금액'이라고 부른답니다. 순이익과 소득금액은 엄밀히 말하면 다르나 거의 유사하므로 혼용해서 쓰도록 하겠습니다.

2 / 간편장부와 경비율

1) 사업자의 의무, 기장

사업을 하는 분이라면 장부를 작성하는 '기장'은 필수입니다.

그래야 사업을 통해 남는 부분에 대해 세금을 낼 수 있기 때문이죠. 이러한 장부를 쓰는 법은 세법에서는 두 가지로 구분하고 있습니다. 하나는 간편장부이고 다른 하나는 복식부기이죠.

간편장부는 이름에서부터 느껴지듯이 간단히 쓸 수 있는 장부입니다. 우리가 흔히 알고 있는 가계부와 비슷한 개념입니다.

간편장부대상자는 다음의 조건을 충족해야 합니다.

- 해당 과세기간에 신규로 사업을 개시한 사업자이거나
- 직전 과세기간의 수입금액이 업종별로 일정금액(7,500만 원 / 1억 5,000만 원 / 3억 원)에 미달하는 사업자

즉, 새롭게 시작하는 사업자나 매출이 크지 않은 사업자는 간단하게 장부를 작성해도 인정해주겠다는 의미죠.

그럼 이런 조건에 해당하지 않는다면 어떨까요? 이제는 복식부기로 장부를 써야 하는 사업자를 '복식부기의무자'라고 합니다. 이름에서부터 뭔가 복잡하고 귀찮은 게 많아질 것 같은 느낌을 받으시나요?

복식부기의무자는

- 재무상태표나, 손익계산서 등의 재무제표를 종합소득세 신고 때 제출해야 합니다.
- 사업과 관련된 거래는 사업용계좌를 이용해야 하고 이를 국세청에 신고해야 합니다. 만약 사업용계좌를 신고하지 않거나 사용하지 않으면 매출의 0.2%를 가산세로 납부해야 합니다.
- 복식부기로 장부를 작성하지 않으면, 계산해서 산출된 종합소득세의 20%를 가산세로 납부해야 합니다.

2) 장부를 못 썼을 때 '경비율' 적용

사업자에겐 필수인 장부 작성을 하지 못하는 상황이 생길 수도
있습니다. 그러면 어떻게 해야 할까요?

장부를 정상적으로 작성했다면 우리의 수입금액과 필요경비가
정리가 되어 있을 거고 이를 바탕으로 세금 신고가 가능합니다. 그런데
장부를 쓰지 못했다면, 수입금액이야 부가가치세 신고나 면세사업장
현황신고를 통해 국세청에서 이미 파악했다 하지만, 필요경비는
국세청도 알 수 없으니 문제가 됩니다.

국세청은 수십 년간 수많은 사업자들의 세금신고 데이터를
가지고 있습니다. 그래서 이 업종은 평균적으로 이 정도의 비용이
발생한다는 경험을 토대로 '경비율'이라는 것을 정해두고 있습니다.
우리의 매출이 100만 원이고 경비율이 80%라면 80만 원을 비용으로
인정해준다는 것이죠. 이러한 경비율은 두 가지로 구분됩니다. 하나는
단순경비율이고 다른 하나는 기준경비율입니다.

일반적으로 단순경비율이 기준경비율보다 높은 경비율을
적용받습니다. 사람들이 많이 하는 전자상거래 소매업(네이버
스마트스토어 등)을 예로 들면, 단순경비율은 86%인데 기준경비율은
9.5%입니다. 기준경비율을 적용할 때는 매입비용, 임차료, 인건비만
추가로 빼줍니다. 경비율이 높다는 것은 그만큼 비용으로 인정을 많이
받을 수 있다는 것을 의미하죠. 또한 이는 세금도 적게 낼 수 있다는

것으로 연결되고요.

단순경비율을 적용받기 위해서는 다음의 조건을 충족해야 합니다.

- 해당 과세기간에 신규로 사업을 개시한 사업자 중 업종별 수입금액이 복식부기의무자(7,500만 원 / 1억5,000만 원 / 3억 원 미만)에 해당하지 않는 사업자
- 직전 과세기간의 수입금액이 업종별 일정 금액(2,400만 원 / 3,600만 원 / 6,000만 원 미만)에 미달하는 사업자

이런 조건에 해당하지 않으면 단순경비율이 아닌 기준경비율을 사용해야 합니다. 이때 주의사항이 있는데요.

- 해당 과세기간에 사업을 시작한 사업자
- 직전 과세기간 수입금액이 4,800만 원 미만인 사업자
- 연말정산한 사업소득만 있는 사업자

위 세 가지에 해당하는 '소규모 사업자'가 아니라면 장부를 안 쓰고 경비율을 썼을 때 무기장가산세가 부과됩니다.
- 간편장부대상자라면

산출세액 × (무기장소득금액 / 종합소득금액) × 20%를 납부해야 합니다.
- 복식부기의무자라면

① 무신고 납부세액 × 20% ② 수입금액 × 7/10,000 ③ 산출세액 × (무기장소득금액 / 종합소득금액) × 20% 중 가장 큰 금액을 납부해야 합니다.

3 / 증빙 서류

종합소득세 신고할 때 세무더리인이 요청하는 서류는 보통 다음과 같습니다. 세무대리인에게 같기지 않고 직접 신고하더라도 다음의 자료를 준비하면 신고할 때 오류를 줄이고 보다 정확한 세금신고가 가능합니다.

1) 주민등록등본 혹은 가족관계증명서

부양가족이 있다면 '인적공제'를 받을 수 있습니다. 인적공제는 인당 150만 원입니다. 150만 원이 추가로 비용 처리되는 효과가 있습니다.

기본공제	나이 요건	소득 요건
배우자	×	소득금액 100만 원 이하 (급여 500만 원 이하)
직계존속	60세 이상	
직계비속	20세 이하	

추가공제	요건	공제금액
부녀자공제	본인이 종합소득금액 3천만 원 이하이면서, 배우자가 있거나 부양가족이 있는 세대주	50만 원
경로우대자공제	기본공제대상자 중 70세 이상인 대상자가 있는 경우	100만 원/인
장애인공제	기본공제대상자 중 장애인이 있는 경우	200만 원/인
한부모소득공제	배우자가 없는 거주자로서, 기본공제대상자인 직계비속이나 입양자가 있는 경우	100만 원

'소득금액 100만 원 이하'란 기준은 종합소득뿐만 아니라, 양도소득이나 퇴직소득 금액도 포함해 적용합니다. 즉, 일정한 소득이 없더라도 그해 부모님이 부동산을 양도해 양도소득이 발생했다면 부양가족으로 반영할 수 없다는 얘기입니다.

인적공제를 받기 위해서는 대상자의 주민등록번호가 홈택스에 입력돼야 해서 해당 자료가 필요합니다. 또 인적공제는 다른 가족에게 적용된 사람을 본인에게 공제받을 수 없습니다. 중복공제가 불가능하다는 말이지요.

부양가족을 중복으로 공제받으면 몇 년 뒤에 세무서의 연락을 받게 될 겁니다. 둘 중 한 명은 공제를 뺀 금액으로 세금 및 가산세를 납부해야 하는데, 이 때문에 분쟁이 발생합니다. 분쟁이 발생할 때는 1) 직전 세금 신고 때 부양가족으로 인적공제를 받은 사람을 우선으로

4부 신고와 납부

하며 2) 직전 세금 신고 때 아무도 공제를 안 받았다면 해당 과세기간의 종합소득금액(순이익)이 가장 많은 사람의 부양가족으로 넣게 됩니다.

세율이 높은 경우 인적공제 한 사람만 빼도 세금이 확 올라갑니다. 예를 들어 38%의 세율을 적용받는다면 150만 원 x 38% = 57만 원의 세금이 더 나오게 되는 셈이죠. 지방소득세와 가산세까지 포함하면 억울할 수 있으니, 부양가족을 넣을 때는 다른 가족 중에 같은 사람을 부양가족으로 넣은 사람은 없는지 꼭 확인해야 합니다.

2) 연말정산 간소화 서비스 PDF 자료

국세청 홈택스의 [장려금·연말정산·기부금] → [연말정산간소화] → [소득·세액공제 자료 조회]에서 받을 수 있습니다.

근로소득이 있어 연말정산을 하는 경우가 아니더라도, 연말정산 간소화 PDF를 준비하는 게 좋습니다. 연말정산 간소화 PDF에는 건강보험으로 납부한 금액을 확인할 수 있고요. 연간 납부한 보험료도 확인할 수 있습니다. 보험료 부분에서 자동차보험 등 보장성보험료가 있는 경우 확인하고 비용 처리를 놓치지 않을 수 있습니다.

또한 세액공제 항목인 연금저축계좌 내역을 확인할 수 있고요. 노란우산공제부금에 납부한 내역을 확인해 소득공제를 받을 수 있습니다. 기부금 항목으로 기부금 경비를 반영할 수도 있습니다.

이렇게 많은 자료를 확인할 수 있기 때문에 연말정산 PDF는 꼭 준비하는 게 좋습니다.

> **만약 근로소득도 있는 사업자라면?**
> 근로기간만큼 체크한 PDF를 다운받아, 근로소득 연말정산에 먼저 반영합니다. 이후 근로기간이 아닌 기간의 PDF를 다운받아 나머지 종합소득세에 반영할 수 있는 부분을 체크합니다.

3) 이자·배당·근로·연금·기타 등 타소득 내역

종합소득은 소득을 '종합'해서 세금을 매기는 거라 타소득이 있는지 확인이 필수입니다.

국세청 홈택스의 [장려금·연말정산·기부금] → [연말정산간소화] → [소득·세액공제 자료 조회]에서 귀속년도에 따른 타소득 유무를 확인할 수 있습니다. 해당연도의 지급명세서를 '보기' 해서 전부 다운받으시면 됩니다.

귀속년도	지급명세서 종류	사업자등록번호	제출일자	징수의무자	지급명세서보기	신고방법
2024	거주자 기타소득지…		2025-06-01		보기	홈택스(직접입력)
2024	거주자 기타소득지…		2025-02-26		보기	홈택스(전자파일)
2024	거주자 기타소득지…		2025-02-12		보기	홈택스(전자파일)
2024	거주자 사업소득지…		2025-03-10		보기	홈택스(전자파일)
2024	거주자 사업소득지…		2025-03-10		보기	홈택스(전자파일)
2024	거주자 사업소득지…		2025-03-10		보기	홈택스(전자파일)
2024	거주자 사업소득지…		2025-03-06		보기	홈택스(전자파일)
2024	거주자 사업소득지…		2025-03-04		보기	홈택스(전자파일)
2024	거주자 사업소득지…		2025-02-23		보기	홈택스(전자파일)
2024	거주자 사업소득지…		2025-02-21		보기	홈택스(전자파일)
2024	거주자 사업소득지…		2025-02-19		보기	홈택스(전자파일)

4) 사업용으로 등록하지 않은 카드의 '엑셀 파일'

사업자의 경우, 만약 사용하는 카드 중 등록돼 있지 않은 카드가 있다면, 1년간의 내역을 '종합소득세 신고용 엑셀 파일'을 받아 반영해야 합니다. 사용하는 카드 중에 중간에 등록된 게 있다면, 등록요청일 전 달까지의 내역을 역시 '종합소득세 신고용 엑셀 파일'을 받아 반영해야 합니다. 부가·가치세를 신고하면서 엑셀 파일을 반영해둔 상태라면, 종합소득세를 신고할 때 추가로 엑셀 파일을 반영할 필요는 없습니다.

해외 결제 내역은 국세청 홈택스에 카드를 등록해뒀다고 하더라도 불러오기가 안 되기 때문에, 해외 결제 내역이 있다면 엑셀 파일을 챙겨주는 게 좋습니다.

5) 임대차계약서

월세에 대한 세금계산서가 제대로 들어오고 있는지 확인하기
위해 필요합니다. 만약 세금계산서나 현금영수증을 못 받아서
부가가치세 공제를 못 받았다고 해도, 임대차계약서와 이체확인증이
있다면 사업장 월세를 비용으로 반영할 수 있습니다.

6) 사업장의 통신, 인터넷, 전기요금 등의 내역

통신비, 인터넷요금, 전기요금 등을 계좌이체하고 증빙을 받지
않는 경우도 있습니다. 이 경우는 각 기관에 전화해서 1년 치 내역을
받아 비용 처리해야 합니다. 만약 사업용 신용카드로 납부했거나,
전자세금계산서를 받았다면 별도로 받지 않아도 됩니다.

7) 건강보험료 납부내역서

대표자 본인의 건강보험료는 비용으로 반영할 수 있습니다.
건강보험공단(1577-1000)으로 연락하셔서 종합소득세 신고용을
받으셔도 되고요. 건강보험공단 홈페이지에서 직접 납부확인서를
출력하실 수도 있습니다.

직접 출력하는 방법은 다음과 같습니다.

① 직원이 있는 사업자의 경우

사회보험 통합징수 포털에 사업장 공인인증서로 로그인한 뒤,
[제증명발급] → [증명서 발급] → [납부확인서]

② 직원이 없는 사업자의 경우

국민건강보험에 개인 공인인 증서로 로그인한 뒤,

[민원서비스] → [서비스찾기] → [보험료 납부확인서] →

[건강보험 납부확인서]

8) 기부금 영수증

연말정산 PDF에 기부금 내역이 전부 다 나오지 않는 경우가

있습니다. 특히 종교단체 기부금이 있다면 기부금 영수증을 꼭

단체로부터 받아야 합니다. 이때 기 부금 영수증에는 기부금 단체명,

사업자등록번호, 단체 주소가 필수로 들어가야 합니다.

9) 대출금 이자 등 납입 내역

은행에서 '차입금 상환내역서'와 '이자지급 내역서'를 받아야

합니다. 대표 명의의 '사업에 직접 관련된 대출'에 대해서만 이자비용을

반영할 수 있습니다.

10) 차량 관련 내역

자동차등록증 사본, 렌트 또는 리스 납부내역서 및 계약서,

자동차보험증권 등이 필요합니다. 자동차는 자산으로 잡고, 5년 동안

감가상각을 통해 비용 처리를 합니다. 이 때문에 차량가액을 알 수 있는

서류가 필수입니다.

11) 화재보험 등 보험증권 사본

보험회사에 발급을 요청하시면 됩니다. 사업과 직접 관련이 있어야 하며, 기간 필수입니다.

12) 지방세 세목별 과세증명서

자동차세, 주민세(사업소분), 등록면허세 등의 내용을 확인하기 위함입니다.

13) 청첩장, 돌잔치, 부고 등 경조사비 지출 내역

종이 청첩장 등이 있다면 모아두시고, 카카오톡이나 SMS로 수신했다면 캡처해두시면 됩니다. 실제 낸 금액을, 건당 최대 20만 원까지 비용 처리할 수 있습니다.

14) 여신금융협회 아이디, 비밀번호

사업장에 카드 단말기가 있는 경우 여신금융협회 홈페이지에 들어가셔서 카드 수수료를 확인해보는 게 좋습니다. 카드 수수료는 부가가치세 매입 처리가 되지 않지만 종합소득세 비용 처리가 되기 때문에 놓치지 말고 비용으로 반영하길 권해드립니다.

15) 퇴직연금 납입확인서

퇴직연금에 가입한 사업장이라면, 퇴직연금 납입확인서를 준비해두세요. DC형에 가입한 직원이 있다면, 당해 납입한 금액에 대해 비용 처리할 수 있습니다.

16) 정부 등으로부터 받은 지원금

홈택스에는 정부 등으로부터 받은 지원금이 잡히지 않기 때문에, 해당 금액은 별도로 집계해야 합니다. 부가가치세와 달리, 종합소득세는 지원금 등도 매출로 준하는 금액으로 보고, 세금 신고할 때 더해서 계산합니다. 만약 지원든 금액을 누락할 경우, 향후 소득세가 추가로 발생할 때 가산세까지 함께 나올 수 있습니다.

4 / 사업자의 소득공제, 세액공제

소득공제와 세액공제 모두 세금을 줄여주는 것은 동일하나 계산 구조상 어느 시점에서 세금을 줄여주는지가 다릅니다.

이자소득, 배당소득, 사업소득, 근로소득, 연금소득, 기타소득에서 필요경비를 반영하고 나온 금액을 합치면 종합소득금액이 됩니다. 종합소득금액에서 소득공제를 반영하면 과세표준이 됩니다. 흔히 우리가 세율이 몇 %여서 세금이 얼마나 온다고 하는 건 과세표준에 세율을 곱해서 나온 값입니다. 그러니 과세표준이 낮아질수록 세금이 줄겠죠. 이 과세표준을 낮춰주는 게 소득공제입니다. 1차적으로 소득공제를 통해 과세표준을 낮춰 세금을 줄일 수 있는 거죠. 과세표준에서 세율을 곱해 나오는 금액을 산출세액이라고 하는데, 이 산출세액에서 일정금액을 빼주는 걸 세액공제라고 합니다.

정리하자면 세율을 곱할 수 있는 과세표준이라는 걸 기준으로 했을 때 과세표준 계산 전에 과세표준을 줄여 세금을 줄여주는 것이 소득공제, 과세표준에 세율을 곱해 나온 산출세액에서 세금을 줄여주는 것이 세액공제입니다.

1) 사업자는 안 되는 소득공제, 세액공제

신용카드 소득공제

연말정산 중 가장 유명한 항목이 신용카드 소득공제이다보니, 사업자분들도 "신용카드를 쓰는 게 유리할까요? 체크카드를 쓰는 게 유리할까요?" 물어보는 경우가 많습니다. 그런데 사업자는 어떤 카드를 사용하든, 카드 사용에 대한 소득공제를 받을 수 없습니다. 사업자는 사업과 관련해서 사용한 카드 사용을 100% 비용으로 처리할 수 있기 때문입니다.

참고로 근로자는 개인적으로 사용한 모든 경비를 소득공제에 반영할 수 있지만, 사업자는 개인적으로 사용한 경비는 비용으로 반영할 수 없습니다.

주택 소득공제

근로자의 경우 주택청약에 돈을 넣으면 소득공제를 해줍니다. 주택을 구입하기 위해 돈을 빌리고 이자를 상환하면 그 금액도 소득공제를 해주고요. 주택 전세자금을 임차하고 원리금을 갚으면 주택임차원리금상환액에 대해서도 소득공제를 해주는 경우가 있습니다. 그런데 사업자는 불가능합니다.

4부 신고와 납부

보험료, 의료비, 교육비, 기부금, 월세 세액공제

근로자는 보험료, 의료비, 교육비, 기부금, 월세에 대해 세액공제를 받을 수 있습니다. 그런데 사업자는 이런 세액공제들이 불가능합니다. 웬만한 사업자는 안 된다고 생각하는 게 마음 편할 거고요. '성실신고확인대상자'라고 해서, 수입금액이 업종별 5억 원, 7.5억 원, 15억 원 이상인 경우 성실신고확인서를 제출하면 의료비, 교육비, 월세는 세액공제 받을 수 있습니다. 예를 들어, 연간 최대 1,000만 원의 월세를 15%(종합소득금액 4,500만 원 이하 17%)의 공제율로 공제받을 수 있는데요. 단, 종합소득금액이 6,000만 원을 넘으면 받을 수 없기 때문에 현실적으로 제약이 있습니다.

업종	성실신고 수입금액
농업·임업 및 어업, 광업, 도매 및 소매업(상품중개업을 제외한다), 부동산매매업 그 밖에 제2호 및 제3호에 해당하지 아니하는 사업	해당연도 수입금액 15억 원 이상
제조업, 숙박 및 음식점업, 전기·가스·증기 및 공기조절 공급업, 수도·하수·폐기물처리·원료재생업, 건설업(비주거용 건물 건설업은 제외), 부동산 개발 및 공급업(주거용 건물 개발 및 공급업에 한함), 운수업 및 창고업, 정보통신업, 금융 및 보험업, 상품중개업	해당연도 수입금액 7.5억 원 이상
부동산 임대업, 부동산업(부동산매매업은 제외한다), 전문·과학 및 기술 서비스업, 사업시설관리·사업지원 및 임대서비스업, 교육 서비스업, 보건업 및 사회복지 서비스업, 예술·스포츠 및 여가관련 서비스업, 협회 및 단체, 수리 및 기타 개인 서비스업, 가구내 고용활동 *[별표3의3] 사업서비스업1)	해당연도 수입금액 5억 원 이상

2) 사업자가 받을 수 있는 소득공제, 세액공제

[소득공제] 노란우산공제

근로자는 퇴직을 하면 회사에서 퇴직금을 주는데, 사업자들은 폐업을 해도 퇴직금이 없습니다. 그래서 노란우산공제 같은 상품에 별도로 가입해서, 스스로 퇴직금을 만들 수 있습니다.

가입대상자는 소기업, 소상공인입니다. 가입 조건은 업종별 연평균 매출액 상한선이 15억 원~140억 원 이하라서 대부분의 소상공인 분들은 가입하는 데 큰 문제가 없을 겁니다.

소득공제 되는 금액은 다음과 같습니다.

대상	사업소득금액 (총수입금액 - 필요경비)	소득공제 최대 금액
개인 또는 법인대표	4,000만 원 이하	600만 원
	4,000만 원 초과~6,000만 원 이하	500만 원
	6,000만 원 초과~1억 원 이하	400만 원
개인	1억 원 초과	200만 원

순이익이 4,000만 원일 경우 적용되는 세율이 15%이기 때문에, 소득공제되는 최대 금액까지 노란우산공제에 납입을 했다면 600만 원×16.5%(소득세율의 10%인 지방소득세율 1.5%를 포함) = 990,000원의 세금이 줄어듭니다.

순이익이 8,800만 원일 경우 적용되는 세율이 24%이기 때문에, 납입액이 400만 원일 때 400만 원×26.4%=1,056,000원의 세금이 줄어듭니다.

순이익이 1억 원을 초과할 경우에는 세율이 35%, 38%, 40%, 42%, 45%입니다. 최대 금액 200만 원을 기준으로 세율이 35%라면 200만 원×38.5%=770,000원, 38%라면 200만 원×41.8%=836,000원, 세율이 40%라면 200만 원×44%=880,000원, 세율이 42%라면 200만 원×46.2%=924,000원, 세율이 45%라면 200만 원×49.5% = 990,000원의 세금이 줄어들게 됩니다.

같은 200만 원을 넣어도 세율이 15%인 사람이 넣을 때는 세금이 33만 원 줄어들지만, 세율이 45%인 사람이 넣을 때는 세금이 99만 원 줄어드는 걸 볼 수 있습니다. 세율이 높은 사람일수록 소득공제가 유리하기 때문입니다.

참고로 절세가 많이 된다고 해서 꼭 전체 금액을 다 채울 필요는 없습니다. 왜냐하면 폐업하기 전에 돈이 필요해서 해당 공제부금을 해지할 경우, 소득공제 받은 금액에 대해 다시 소득세를 내야 하기 때문입니다. 폐업 전에 유지할 수 있는 만큼만 가입해두길 권해드립니다.

[세액공제] 연금계좌세액공제

시중 은행이나 증권사, 보험사 등 금융기관에 연금계좌나 퇴직연금을 만들어둘 수도 있습니다. 2023년부터는 연금계좌 납입액의 600만 원까지, 퇴직연금 포함 900만 원까지, 납입한 금액에 대해 세액공제를 받을 수 있습니다. 종합소득금액 4,500만 원 이하일

(2) 종합소득세 신고하기

경우 15%의 공제율을, 종합소득금액 4,500만 원 초과할 경우 12%의
공제율을 적용해주는데요.

종합소득금액 (총급여액)	세액공제 한도	세액공제율 (지방소득세 포함)	예시
4,500만 원 이하 (5,500만 원 이하)	연금계좌 600만 원 (퇴직연금 포함 900만 원)	16.5%	600만×16.5%=99만 원 900만×16.5%=148.5만 원
4,500만 원 초과 (5,500만 원 초과)		13.2%	600만×13.2%=79.2만 원 900만×13.2%=118.8만 원

연금계좌에 600만 원, 퇴직연금에 300만 원 등 총 900만 원을
연간 납입했을 경우를 가정해보겠습니다. 종합소득금액이 4,500만
원 이하인 사람이라면, 900만 원×16.5%=1,485,000원만큼 세금이
줄어듭니다. 종합소득금액이 4,500만 원 초과하는 사람이라면
900만 원×13.2%=1,188,000원만큼 세금이 줄어듭니다. 앞서 본
노란우산공제와 달리, 본인의 세율과 상관 없이 정해진 공제율만큼
공제를 해주게 되는 거죠.

연금계좌와 퇴직연금의 경우에도 세액공제를 받았다가 퇴직
전 해지를 하면, 해지할 때 세액공제 받았던 금액을 반환해야 합니다.
그래서 무작정 금액을 입금하시기보다는 내가 오랫동안 유지할 수
있는 금액까지만 넣어두길 권해드립니다.

4부 신고와 납부

3) 사업자가 하나의 상품만 가입한다면?

연간 종합소득 순이익이 5,000만 원을 초과하시는 분들은 소득공제 한도를 먼저 채우고, 추가로 납입하고 싶다면 세액공제까지 하는 게 좋습니다.

순이익 5,000만 원일 때(세율 24+2.4%)
소득공제 300만 원 × 26.4% = 792,000원
세액공제 300만 원 × 13.2% = 396,000원

순이익이 4,500만 원 이하인 분들은 소득공제, 세액공제 어떤 걸 가입해도 가입금액에 따라 차이는 없습니다.

순이익이 4,500만 원 이하일 때(세율 15+1.5%)
소득공제 300만 원 × 16.5% = 495,000원
세액공제 300만 원 × 16.5% = 495,000원

순이익이 1,400만 원 이하인 분들은 세액공제를 먼저 가입하길 권해드립니다.

순이익이 1,400만 원 이하일 때
소득공제 500만 원 × 6.6% = 330,000원
세액공제 500만 원 × 16.5% = 825,000원

세법의 특례를 통해 절세할 수 있는 방법들도 꽤 있습니다. 여기에서는 실무에서 주로 활용되는 몇 가지 사례들을 소개해드리겠습니다. 이런 조세 특례들은 생각보다 요건이 까다롭고, 사후 관리를 해야 하는 경우도 많습니다. 또한 각각의 공제·감면을 순서대로 적용해야 하고, 어느 하나를 적용하면, 어느 하나는 적용하지 못하는 등의 문제가 발생할 수 있습니다. 그러니 세무대리인의 도움을 받아 적용하길 권해드립니다.

1) 창업중소기업 등에 대한 세액감면

가장 강력한 세액감면 방법입니다. 자세한 내용은 1부를 참고해주세요.

2) 중소기업에 대한 특별세액감면

중소기업 중 감면 업종을 경영하는 기업에 대해서는 5~30%의 세액감면을 해줍니다. 업종 요건은 다음과 같습니다.

구분	업종	수도권	수도권 외
소기업	도매 및 소매업, 의료업 (도매업 등)	10%	
	도매업 등 외	20%	30%
중기업	도매업 등	-	5%
	도매업 등 외		15%

앞서 설명한 창업중소기업 세액감면과 중복으로 적용되지 않기 때문에, 만약 창업 감면 요건을 충족한다면 창업 감면을 받는 게 유리합니다.

3) 기장세액공제

간편장부대상자(업종별 수입금액 7,500만 원, 1억 5천만 원, 3억 원 미만)가 복식부기 장부를 쓸 경우입니다. 공제액은 세액 × 장부를 쓴 사업소득금액 / 총수입금액 × 20%로 계산하고, 최대 100만 원까지 받을 수 있습니다.

4) 통합고용세액공제(조세특례제한법 제29조의8)

소비성서비스업 등(호텔업, 여관업, 주점업 등)을 경영하지 않는 사업자가 고용한 '상시근로자' 수가 직전 3개 과세연도 중 1개 이상 과세연도의 상시근로자 수보다 증가한 경우에는, 아래 금액을 소득세에서 공제합니다.

청년등상시근로자

비교 기준	중소 (수도권)	중소 (수도권밖)	중견	대기업
직전 연도 대비 증가분	700만 원	1,000만 원	500만 원	300만 원
전전 연도 대비 증가분	1,600만 원	1,900만 원	900만 원	500만 원
전전전 연도 대비 증가분	1,700만 원	2,000만 원	900만 원	없음

청년등외상시근로자

비교 기준	중소 (수도권)	중소 (수도권밖)	중견	대기업
직전 연도 대비 증가분	400만 원	700만 원	300만 원	없음
전전 연도 대비 증가분	900만 원	1,200만 원	500만 원	없음
전전전 연도 대비 증가분	1,000만 원	1,300만 원	500만 원	없음

직원 유형은 크게 두 가지로 나뉘는데요.

'청년등상시근로자'는 청년 정규직 근로자, 장애인 근로자, 60세 이상인 근로자 또는 경력단절 근로자 등을 말하며, 더 큰 혜택을 줍니다.

'청년등외상시근로자'는 위 조건에 해당하지 않는 그 외 근로자를 말합니다.

상시근로자는 근로계약을 체결한 근로자여야 합니다(좀 더 구체적인 내용은 조세특례제한법 시행령 제23조를 참고하세요). 그렇지만 근로계약을 체결했다고 모든 근로자가 상시근로자가 되는 건 아닙니다.

① 계약기간 및 근로시간

계약기간이 1년 미만인 계약직은 상시근로자에서 제외합니다. 그러나 계약 갱신으로 총 계약기간이 1년 이상이라면 상시근로자로 봅니다. 또한 1개월간 근로시간이 60시간 미만인 단시간근로자는 상시근로자로 보지 않습니다.

4부 신고와 납부

5) 법인 전환

개인사업자의 세율은 6~45%이지만, 법인사업자의 세율은 10~25%이기 때문에 세율 자체만 보면 종합소득세를 내는 것보다 법인세를 내는 게 유리해 보입니다. 다만 법인은 개인과 다른 인격체이기 때문에, 대표가 법인에서 돈을 가져오려면 급여, 배당, 퇴직금 등의 방식을 통해야 합니다.

그러면 어떤 사업자가 법인으로 전환하는 게 좋을까요?

먼저 매출이 성실신고확인대상자의 매출 기준이 되기 전에 법인 전환을 고려해보는 게 좋습니다. 성실신고확인제도는 수입금액이 업종별로 일정 규모 이상(업종에 따라 기준이 5억 원, 7.5억 원, 15억 원)인 개인사업자가 종합소득세를 신고할 때 장부 기장 내용의 정확성 여부를 세무사 등에게 확인받은 후 신고하게 함으로써 개인사업자의 성실한 세금 신고를 유도하기 위한 제도입니다. 성실신고확인대상자는 종합소득세 신고 시 성실신고확인서를 제출해야 합니다. 미제출 시에는 산출세액의 5%와 수입금액의 0.02% 중 큰 금액을 가산세로 납부해야 합니다.

비용이 많이 없는 사업자라면 법인 전환을 고려하는 게 좋습니다. 실제로 매출이 많더라도, 사업과 관련된 비용이 많은 경우 순이익이 적기 때문에 세금 부담이 크지 않을 수 있습니다. 서비스업의 경우는 도소매와 같은 업종에 비해 매출 대비 이익률이 높아 동일한 매출임에도 세금 부담이 커집니다. 따라서 비용이 부족할 경우 높은 세율을 적용받으면서 종합소득세를 내는 것보다는 비교적 낮은 세율의 법인세를 내는 것을 추천합니다. 그리고 법인에서 급여나 배당, 퇴직금 등으로 소득을 분산해 돈을 가져가게 되면 세율도 분산되고, 소득을 받는 시기도 분산되기 때문에 세금 측면에서 유리해집니다.

6 / 소득금액증명

5월에 종합소득세 신고가 완료되면 7월 1일부터 국세청 홈택스에서 '소득금액증명'이라는 서류를 발급받을 수 있습니다. 해당 서류는 확정된 매출과 순이익을 알 수 있는 서류인데요. 은행에서 대출을 받을 때, 차량을 렌트할 때 등 소득을 증빙할 때 기관에서 필수적으로 요청하는 서류입니다.

홈택스의 [증명·등록·신청] → [민원증명] → [즉시발급 증명] → [소득금액증명]에서 발행받으실 수 있습니다.

여기서 수입금액이 신고한 매출이며, 소득금액이 신고한 순이익입니다. 대출 등을 할 때는 소득금액을 기준으로 평가를 하게 됩니다.

(1 / 1)

발급번호	소 득 금 액 증 명 (2024년 귀속)		처 리 기 간
			즉 시
성 명		주민등록번호	
주 소			

◇ 종합소득세 신고(결정 · 경정) 현황 (단위 : 원)

구 분	종합과세							분리 과세	총 결정세액
	이자	배당	사업	근로	연금	기타	합계		
수입금액	0	0		0	0	0	0		
소득금액	0	0		0	0	0	0		

* 종합과세 소득금액은 이월결손금을 공제하지 않은 금액임
* 분리과세 : 종합소득세 신고(결정 · 경정)한 분리과세 소득(2천만원이하 주택임대소득과 계약금이 위약금 · 배상금으로 대체된 기타소득)의 수입금액 및 소득금액의 합계액
* 총 결정세액 : 종합과세와 분리과세의 결정세액 합계액

◇ 연말정산(지급명세서 제출) 현황 　[※종합소득세 신고(결정.경정) 현황에서 종합과세된 소득이 있는 경우 미기재] (단위 : 원)

구 분	소 득 발 생 처		지급받은 총 액	소득금액	총 결정세액	비고
	법인명(상호)	사업자등록번호				

(납세자가 신청한 증명 귀속연도 : 2024. ~ 2024.)

위와 같이 증명합니다.

※ 위 내용은 발급일 현재 상황으로서 추후 변경될 수 있습니다.

2025 년 11 월 29 일

세무서

◇ 용어설명

구 분	수입금액 · 지급받은 총액	소 득 금 액
이 자 소 득	지급받은 이자소득 총액	지급받은 이자소득(필요경비 없음)
배 당 소 득	지급받은 배당소득 총액	지급받은 배당소득(필요경비 없음)
사 업 소 득	지급받은 총수입금액	총수입금액에서 필요경비 차감한 금액 (연말정산 사업소득 포함)
근 로 소 득	· 근로자가 지급받은 총급여액 · 일용근로자가 지급받은 총액	· 총급여액에서 근로소득공제 후 금액 · 일용근로자가 지급받은 총액
연 금 소 득	공적기관에서 지급받은 총연금액	총연금액에서 연금소득공제 후 금액
기 타 소 득	지급받은 기타소득 총액	지급받은 총액에서 필요경비 차감한 금액
종 교 인 소 득	종교단체에서 지급받은 총액	지급받은 총액에서 필요경비 차감한 금액

접수번호	구 분	담당부서	담당자	연 락 처
504910921221	증명발급자	민원봉사실		02-2132-9227
	세적담당자	소득세과	고희선	02-2132-9383

* 본 증명의 위·변조 여부는 발급일로부터 90일 이내 「국세청 홈택스(www.hometax.go.kr) 또는 모바일 홈택스 > 국세증명 > 민원증명 조회/관리 > 민원증명 원본 확인」에서 발급번호로 확인, 또는 문서 하단의 바코드로 확인이 가능합니다.
(공문서를 위·변조하거나 행사한 자는 10년 이하의 징역에 처할 수 있습니다.)
* 본 증명은 홈택스(www.hometax.go.kr)에서 대민 온라인 서비스를 통해 발급된 증명서입니다.

201

7 / 종합소득세 중간예납

종합소득세는 1년에 한 번, 5월에 신고·납부합니다. 부가가치세와 마찬가지로, 종합소득세도 일부를 미리 납부하는 제도가 있는데요. 이걸 '중간예납'이라고 합니다. 납세자의 자금 부담을 완화하고 국가 재정을 조기 확보하기 위한 제도죠.

매년 11월에 세무서가 중간예납 고지서를 보내는데, 금액은 5월에 신고·납부한 종합소득세의 절반입니다. 미리 낸 종합소득세는 다음 해 5월 종합소득세 신고할 때 내야 할 종합소득세에서 빼줍니다. 또한 중간예납할 금액이 50만 원 미만이면 고지서를 보내지 않습니다.

중간예납 고지서대로 납부하지 않으면 세무서가 독촉장을 보냅니다. 역시나 국세 체납으로 잡히며, 납부지연가산세(3%+1일 0.022%)까지 붙기 때문에 제때 납부하셔야 합니다. 단, 중간예납할 금액이 150만 원 미만인 경우 1일 0.022%의 가산세는 추가로 붙지 않습니다.

고지서대로 종합소득세를 미리 내는 대신, 상반기(1~6월)에 대한 종합소득세 중간예납 추계액 신고를 할 수도 있습니다. 상반기 종합소득세를 계산했을 때, 5월에 납부한 지난해 종합소득세의 30%보다 적다면 고지서를 무시하고 상반기 종합소득세를 신고·납부해도 됩니다.

예를 들어 2026년 5월에 2025년 소득에 대한 종합소득세를 300만 원 냈고, 2026년 11월에 150만 원을 미리 내라는 중간예납 고지서를 받았다고 해보겠습니다. 그 경우 2026년 1~6월의 종합소득세를 계산해봤을 때 300만 원의 1/3인 100만 원이 안 된다면 중간예납 추계액을 신고해 납부할 수 있고요. 100만 원 이상이라면 고지된 150만 원을 그대로 내야 합니다.

만약 사업이 너무 어려워져 낼 돈이 없다면, 납부기한 3일 전까지 '고지분 납부기한등 연장(구 징수유예)' 신청을 할 수 있습니다. 연장이 어렵다면 카드 할부를 이용하시는 것도 방법입니다.

(2) 종합소득세 신고하기

국세청 홈택스에서 종합소득세 신고를 마쳤다면, 세트로 해야 할 일이 있습니다. 바로 지방소득세 신고입니다. 지방소득세는 '일반적으로' 종합소득세의 10%입니다.

지방소득세만 별도로 신고하려면 위택스라는 사이트에 들어가서 종합소득분 지방소득세 신고를 해야 하지만, 홈택스에서 종합소득세 신고를 마쳤다면 신고내역 조회에서 '지방소득세 신고이동'을 할 수 있습니다. 거기서 주민등록번호 뒷자리만 치면 지방소득세 신고서가 자동 작성됩니다.

지방소득세가 '일반적으로' 종합소득세의 10%라고 말씀드린 건 앞서 살펴본 '종합소득세 중간예납' 때문입니다. 종합소득세는 중간예납을 통해 미리 낸 세금이 있지만, 지방소득세는 중간예납이 없어 미리 낸 세금이 없습니다.

만약 종합소득세가 200만 원 나왔을 때, 중간예납한 세금이 없다면 지방소득세는 200만 원의 10%인 20만 원이 됩니다. 그런데 5월에 내야 할 종합소득세가 200만 원이고, 80만 원을 11월에 미리 냈다면 5월에 최종적으로 내는 종합소득세는 120만 원이 됩니다. 하지만 지방소득세는 120만 원의 10%가 아닌 200만 원의 10%, 20만 원이 됩니다. 지방소득세 신고를 했는데, 종합소득세의 10%보다 더 큰 금액이 나온다면 종합소득세를 중간예납한 건 아닌지 확인해보세요.

	중간예납을 안 한 경우	중간예납을 한 경우
내야 할 종합소득세	200만 원	200만 원
미리 낸 종합소득세 (중간예납)	0원	80만 원
최종 납부할 종합소득세	200만 원	120만 원
최종 납부할 지방소득세	200만 원 × 10% = 20만 원	120만 원 × 10% = 12만 원(X) 200만 원 × 10% = 20만 원(O)

(2) 종합소득세 신고하기

기타 신고·납부하기

국민연금 소득총액신고

1년 동안 낼 국민연금 금액을 결정하기 위한 신고

- 신고기한: 5월 31일까지(성실신고확인대상자 6월 30일까지)
- 적용기간: 7월부터 다음 해 6월까지
- 기준이 되는 소득: 연간 사업소득의 순이익 ÷ 12
- 납부하게 되는 금액: 기준이 되는 소득의 9.5%(2033년 최종 13%)
- 정산 X

건강보험 보수총액신고

1년 동안 낼 건강보험 금액을 결정하기 위한 신고

- 신고대상: 직원이 있는 개인사업자
- 신고기한: 5월 31일까지(성실신고확인대상자 6월 30일까지)
- 적용기간: 6월부터 다음 해 5월까지(성실신고확인대상자 7월부터 다음 해 6월까지)
- 1년 동안 낸 금액 VS 1년 동안 냈어야 하는 금액 비교해 6월(성실신고확인대상자 7월) 정산

주민세 사업소분

- 과세기준일: 7월 1일 → 7월 1일 현재 해당 지역에 사업장이 있다면 내는 세금
- 기본세액: 개인사업자 5만 원, 법인사업자 5만~20만 원 (지방교육세 25% 별도)
- 연면적 세액: 330m²(약 100평) 초과할 경우 1m²당 250원
- 전년도 부가가치세 과세표준 8,000만 원 미만인 개인사업자는 면제

사업용계좌 신고·변경·추가

- 최초 신고: 처음으로 복식부기의무자(전년도 매출액 업종별 7,500만 원/1억 5,000만 원/3억 원 이상인 경우)가 됐을 때 → 당해 6월 30일까지
- 변경·추가 신고: 5월 31일까지(성실신고확인대상자 6월 30일까지)

1 / 국민연금 소득총액신고

매달 납부하는 국민연금 금액은 2026년 기준 '기준소득월액'의 9.5%로 책정됩니다. 2026년부터 0.5%씩 올라, 2033년 최종 13%까지 오릅니다. 월급을 받는 근로자라면 월급이 기준소득월액이 될 텐데요. 개인사업자 대표자는 매월 정해진 월급을 받는 게 아니기 때문에 종합소득세 신고를 하면서 기준소득월액이 정해집니다. 예를 들어 연간 사업소득금액(순이익)을 4,800만 원으로 신고했다면, 4,800만 원을 12개월로 나눈 400만 원이 내 기준소득월액이 됩니다.

종합소득세 신고가 끝나야 연간 사업소득금액을 알 수 있기 때문에, 국민연금 소득총액신고도 종합소득세 신고 마감일인 5월 31일까지 진행하면 됩니다. 6월에 종합소득세 신고를 하는 성실신고확인대상자는 국민연금 소득총액신고도 6월 30일까지 진행하면 됩니다.

이렇게 확정된 기준소득월액의 9%는 7월부터 다음 해 6월까지 납부할 국민연금 금액이 됩니다. 기준소득월액이 정해진 이후에 수입이 줄어들었다면 다음연도 기준소득월액에 반영이 됩니다. 하지만 국민연금은 환급 및 추가 납부 등(정산)이 없습니다.

국민연금 소득총액 신고 대상이면 국민연금공단으로부터

안내문을 받습니다. 안내문에 신고기한 및 신고방법에 대해서 나와

있습니다. 신고는 우편, 팩스, 국민연금 EDI 서비스, 지사 방문,

4대사회보험 포털사이트 등에서 가능합니다.

2 / 건강보험 보수총액신고

1) 직원이 있는 개인사업자

개인사업자라도 직원이 있다면 건강보험 직장가입자입니다.
건강보험 보수총액신고는 직원이 있는 개인사업자 대표자가

진행합니다.

종합소득세 신고가 끝나야 연간 사업소득금액을 알 수 있기

때문에, 건강보험 보수총액신고도 종합소득세 신고 마감일인

5월 31일까지 진행하면 됩니다. 6월에 종합소득세 신고를 하는

성실신고확인대상자는 건강보험 보수총액신고도 6월 30일까지

진행하면 됩니다.

보수총액신고는 '건강보험료 연말정산'이라고 불리기도

하는데요. 종합소득세 신고를 통해 확정된 순이익에 따라 최종

납부해야 하는 건강보험료도 확정됩니다. 만약 한 해 동안 납부한

건강보험료가 최종 확정된 건강보험료보다 적다면 이를 추가 납부하게

되고요. 한 해 동안 납부한 건강보험료가 최종 확정된 건강보험료보다

많다면 보험료를 반환받게 됩니다. 보험료를 추가 납부하거나

반환받는 건 6월(성실신고확인대상자는 7월)에 진행되고요.

6월부터(성실신고확인대상자는 7월) 직원이 있는 개인사업자의
건강보험료가 변동됩니다.

신고는 국민연금처럼 우편, 팩스, 국민건강보험 EDI 서비스, 지사
방문, 4대사회보험 포털사이트 등에서 할 수 있습니다.

2) 직원이 없는 개인사업자

직원이 없는 개인사업자는 건강보험 지역가입자라서
보수총액신고를 할 필요가 없습니다. 직장가입자는 소득만 보고
건강보험료를 매기지만, 지역가입자는 소득뿐만 아니라 재산까지
반영해 건강보험료를 매깁니다. 그러니 정산하는 데 시간이 조금 더
걸리겠죠? 당해 11월부터 건강보험료가 변동되어 다음 해 10월까지
1년간 적용됩니다.

3 / 주민세 사업소분

주민세 사업소분은 해당 지역에 사업장이 있다는 이유로
지방자치단체에 내는 세금입니다. 과세기준일이 7월 1일이기 때문에
7월 1일에 사업장소재지가 있는 곳에 주민세를 내게 됩니다.

주민세는 기본세율에 연면적에 대한 세율을 더해 계산합니다.
서울특별시 기준으로 기본세율은 개인사업자 5만 원, 법인사업자
5만~20만 원(자본금액 기준)입니다. 주민세 사업소분이 나올 때는
기본세액의 25%가 지방교육세로 붙습니다. 개인사업자라면 5만 원의

125%인 62,500원을 납부하게 되는 거죠.

연면적에 대한 세율은 1제곱미터당 250원입니다. 단, 연면적이 330제곱미터 이하(약 100평 이하)인 사업장은 연면적에 대한 세금을 추가로 납부하지 않아도 됩니다.

지난해 부가가치세 과세표준이 8,000만 원 미만인 개인사업자는 주민세 사업소분을 면제받습니다.

4 / 사업용계좌 신고·변경·추가

사업용계좌 신고는 '최초 신그'를 말합니다. 기존에 간편장부대상자였다가 처음으로 복식부기의무자가 된 사업자를 대상으로 합니다. 지난해 매출액이 업종별로 7,500만 원 이상, 1억5,000만 원 이상, 3억 원 이상인 경우 다음 해 1월 1일부터 복식부기의무자가 되어 6월 30일까지 사업용계좌를 신고해야 합니다.

사업용계좌 변경이나 추가는 복식부기의무자인 사업자가 신경 써야 하는 부분입니다. 만약 2026년에 사업용계좌를 변경했거나 추가했다면, 종합소득세 신고 마감일인 2027년 5월 31일(성실신고확인대상자라면 6월 30일)까지 변경·추가 신고를 해야 합니다.

〈인건비 신고 일정표〉

212	마감일	프로젝트	체크
1월	10일	12월/하반기 원천세 신고·납부	
	10일	12월 4대보험 납부	
	31일	하반기 근로소득 간이지급명세서 제출	
	31일	12월 사업소득·기타소득 간이지급명세서 제출	
2월	10일	1월 원천세 신고·납부	
	10일	1월 4대보험 납부	
	28일	이자·배당·기타소득 등 그 밖의 소득 지급명세서 제출(연간)	
	28일	1월 사업소득·기타소득 간이지급명세서 제출	
3월	10일	2월 원천세 신고·납부	
	10일	2월 4대보험 납부	
	10일	연말정산 환급신청	
	10일	근로·퇴직·사업소득·종교인소득·연금계좌 지급명세서 제출(연간)	
	15일	근로자 고용·산재보험 보수총액신고	
	31일	2월 사업소득·기타소득 간이지급명세서 제출	
4월	10일	3월 원천세 신고·납부	
	10일	3월 4대보험 납부	
	30일	3월 사업소득·기타소득 간이지급명세서 제출	
5월	10일	4월 원천세 신고·납부	
	10일	4월 4대보험 납부	
	31일	4월 사업소득·기타소득 간이지급명세서 제출	

	마감일	프로젝트	체크
6월	10일	5월 원천세 신고·납부	
	10일	5월 4대보험 납부	
	30일	5월 사업소득·기타소득 간이지급명세서 제출	
7월	10일	6월/상반기 원천세 신고·납부	
	10일	6월 4대보험 납부	
	31일	상반기 근로소득 간이지급명세서 제출	
	31일	6월 사업소득·기타소득 간이지급명세서 제출	
8월	10일	7월 원천세 신고·납부	
	10일	7월 4대보험 납부	
	31일	7월 사업소득·기타소득 간이지급명세서 제출	
9월	10일	8월 원천세 신고·납부	
	10일	8월 4대보험 납부	
	30일	8월 사업소득·기타소득 간이지급명세서 제출	
10월	10일	9월 원천세 신고·납부	
	10일	9월 4대보험 납부	
	31일	9월 사업소득·기타소득 간이지급명세서 제출	
11월	10일	10월 원천세 신고 납부	
	10일	10월 4대보험 납부	
	30일	10월 사업소득·기타소득 간이지급명세서 제출	
12월	10일	11월 원천세 신고·납부	
	10일	11월 4대보험 납부	
	31일	11월 사업소득·기타소득 간이지급명세서 제출	

인건비 신고하기

인건비 신고를 하는 이유

- 사업자 ↔ 사업자/소비자와의 거래: 세금계산서, 계산서, 신용카드 및 체크카드, 현금영수증으로 매출/매입 증빙 가능
- 사업자 ↔ 개인(직원, 프리랜서, 일용직 등): 돈을 왜 주고받는지 증빙이 필요 → 원천징수 후 인건비 신고로 해결

원천징수

- 돈을 주는 사람이 줄 돈의 소득세를 떼서 받는 사람 대신 미리 세금 신고/납부
- 이렇게 미리 신고/납부한 세금은 돈을 받는 사람의 기납부세액(미리 낸 세금)으로 잡혀 있음.

원천세 신고: 내가 얼마의 인건비를 지급했는지 국가에 신고(소득별 총액)

지방소득세 신고: 내가 얼마의 인건비를 지급했는지 지방자치단체에 신고(소득별 총액)

지급명세서 제출: 내가 누구에게 얼마를 줬는지 국가에 제출

소득의 종류

- 근로소득: 고용관계에 따라 근로를 제공하고 받는 돈 → 근로소득 간이세액표에 따라 원천징수
- 사업소득: 고용관계 없이, 독립된 자격으로 용역을 제공하고 받는 돈 → 3.3% 원천징수
- 기타소득: 일시적, 우발적으로 용역을 제공하고 받는 돈 → 22% 원천징수(특정 용역의 경우 60% 필요경비 인정해주므로 8.8% 원천징수)

직원 채용 시 준비물 체크리스트

- 신분증 사본, 통장 사본, 주민등록등본(피부양자 있을 경우)
- 근로계약서 작성 필수(미작성 시 과태료 발생)
- 4대보험 신고 마감 기한(늦게 신고할 경우 과태료 발생)
    - → 건강보험: 입사일/퇴사일로부터 14일 이내
    - → 국민연금, 고용보험, 산재보험: 입사월/퇴사월의 다음 달 15일까지

(4) 인건비 신고하기

1 / 인건비 신고를 하는 이유

사업자가 다른 사업자와 거래할 때는 세금계산서, 계산서, 신용카드, 현금영수증 등의 증빙을 주고받습니다. 이 과정에서 한쪽 사업자는 매출을 증빙할 수 있고, 다른 쪽 사업자는 매입을 증빙할 수 있습니다.

그런데 사업자가 사업자가 아닌 사람에게 돈을 줄 때는 증빙이 없습니다. 계좌이체 내역은 국세청이 인정해주는 증빙이 아니거든요. 사업자에게도, 사업자가 아닌 사람에게도 인건비를 주고받았다는 증빙을 남기기 위해, 국세청은 '원천징수'라는 제도를 만들었습니다. 원천징수란 돈을 주는 사람이 돈을 줄 때, 돈을 받는 사람이 내야 할 세금을 미리 징수한 뒤 대신 신고·납부하는 제도입니다. 돈을 받는 사람이 사업자가 아닌 '개인'이기 때문에, 돈 받을 때마다 직접 세금 신고를 하기 어렵다고 봅니다. 그래서 돈을 주는 사업자에게 대신 세금을 거둬 내라는 거죠.

돈을 주는 사람은 인건비 신고를 해야 인건비를 비용으로 처리할 수 있고요. 돈을 받는 사람은 인건비 신고가 돼 있어 본인의 소득을 증빙할 수 있습니다.

개인의 소득은 이자소득, 배당소득, 사업소득, 근로소득,

연금소득, 기타소득, 양도소득, 퇴직소득 등이 있습니다. 이 중에서 개인사업자가 지급하게 되는 소득은 주로 사업소득과 근로소득입니다. 1년 이상 근무한 근로자가 퇴직할 경우 퇴직소득도 지급하게 될 거고요. 기타소득도 간혹 지급할 일이 있을 겁니다.

2 / 사업소득

1) 원천징수 계산

사업자가 외주 프리랜서에게 인건비를 지급하는 경우, '사업소득'을 준 걸로 봅니다. 사업소득을 줄 때는 3.3%를 떼고, 즉 원천징수하고 지급해야 합니다. 그 3%는 국가에, 0.3%는 지방자치단체에 납부하게 됩니다.

프리랜서에게 처음으로 돈을 주는 사업자들이 가장 많이 실수하는 건 세후 금액(원천징수 후의 금액)을 줘야 하는데 세전 금액을 그대로 주는 겁니다.

예를 들어, 세전 200만 원 지급한다고 해보죠.

세전 금액	200만 원
소득세	200만 원 × 3% = 60,000원
지방소득세	200만 원 × 0.3% = 6,000원
세후 금액	200만 원 - 60,000원 - 6,000원 = 1,934,000원

(4) 인건비 신고하기

프리랜서에게 세전 200만 원을 주기로 했다면 프리랜서의 통장으로 입금해야 하는 금액은 1,934,000원입니다. 인건비 신고하면서 60,000원은 국세(소득세)로 납부하게 되고, 6,000원은 지방세(지방소득세)로 납부하게 됩니다.

소득세와 지방소득세는 '원 단위 절사'라는 게 있습니다. 만약 524,592원을 주기로 했다면, 소득세 원천징수세율 3%를 곱했을 때 15,737원이, 0.3%를 곱했을 때 1,573원이 됩니다. 이때 원 단위를 잘라내면 소득세는 15,730원이, 지방소득세는 1,570원이 됩니다. 프리랜서 인건비 세후 금액을 계산하실 때는 ① 소득세는 세전 금액에서 3%를 곱한 다음 원 단위를 절사하고 ② 지방소득세는 세전 금액에서 0.3%를 곱한 다음 원 단위를 절사하는 게 가장 정확합니다.

2) 사업소득 신고 방법

사업소득(인건비) 신고를 하려면 홈택스에서 [세금신고] → [원천세 신고] → [일반신고]로 들어갑니다. 소득자의 이름, 주민등록번호가 있어야 하니 신분증 사본을 꼭 받아두세요.

4부 신고와 납부

1) 근로소득 신고 대상인 직원을 채용할 때

사업자가 4대보험에 가입한 직원에게 인건비를 지급하는 경우, '근로소득'을 준 걸로 봅니다. 4대보험 직원을 1명 채용할 때부터는 신경 써야 할 게 많아집니다. 우선 세금 신고를 위해 채용할 때 받아야 할 서류는 다음과 같습니다.

- 신분증
- 통장 사본(급여 이체용)
- 주민등록등본

주민등록등본은 건강보험 피부양자로 등록할 가족이 있는 경우에 확인해야 합니다. 피부양자는 직원이 원한다고 다 등록이 되는 것은 아니고, 피부양 대상자의 소득 요건과 재산 요건을 만족해야 합니다. 국민건강보험공단 홈페이지에서 '피보험자 취득 가능여부 확인'이 가능합니다.

소득 요건과 재산 요건을 충족하는지 판단이 어렵다면 일단 피부양자 신청을 해보는 것도 방법입니다. 요건이 맞지 않는다면 추후 건강보험공단에서 통보가 올 겁니다.

근로계약서를 꼭 작성하세요

근로를 시작하기 전, 혹은 입사일에 근로계약서를 무조건 작성해야 합니다. 근로계약서에는 임금, 소정근로시간, 휴일, 연차 유급휴가, 취업의 장소와 종사하여야 할 업무에 관한 사항 등이 들어가 있어야 하고요. 만약 근로계약서를 작성하지 않고 일을 시킨다면 500만 원 이하의 과태료를 물을 수 있습니다. 향후 근로자와 다툼이 있을 때, 근로계약서가 중요하기 때문에 웬만하면 근로계약서는 꼭 노무사의 도움을 받으셔서 작성하시길 바랍니다.

2) 4대보험

직원이 없는 개인사업자는 국민연금과 건강보험 '지역가입자'입니다. 직원이 1명이라도 있는 개인사업자는 4대보험 '직장가입자'가 됩니다.

사업장에서 처음으로 4대보험 직원을 고용했다면, 지금부터는 사업장이 4대보험을 내겠다는 '4대보험 사업장 적용신고서'를 4대보험공단에 내야 합니다. 이때 대표자와 직원이 포함된 '4대보험 자격취득 신고서'도 내야 합니다. 두번째 직원부터는 해당 직원의 '4대보험 자격취득 신고서'만 내면 됩니다. 관할 건강보험공단에 우편 또는 팩스로, 4대사회보험 포털사이트로 접수합니다.

관할 4대보험공단은 4대사회보험정보연계센터 홈페이지에서 '지사찾기'를 눌러 검색하시면 됩니다. 4대보험을 가입할 때부터 관할 지사와 담당자 전화번호, 팩스번호를 기록해두시는 걸 추천합니다.

4대보험 사업장 적용신고서

사업장 적용신고서를 작성할 때 주의할 점은 다음과 같습니다.

• 보험료 자동이체신청의 합산자동이체 적용 여부: '적용'으로 체크하면 해당 연월의 숫자만 붙어서 '합산보험2601' 이런 식으로 국민연금, 건강보험, 고용보험, 산재보험이 한꺼번에 빠져나갑니다. 만약 각각 얼마가 나가는지 알고 싶다면 '미적용'을 체크하시는 게 좋습니다.

• 보험료 자동이체신청의 이체희망일: 납기일은 다음 달 10일입니다. 납기일보다는 납기전월 말일을 선택하시는 걸 추천드립니다. 말일로 해둘 경우 잔고가 부족해 보험료 자동이체가 안 되더라도, 납기일인 다음 달 10일에 다시 인출을 시도하기 때문에 연체금 없이 납기 내에 보험료를 납부할 수 있습니다.

• 연금(고용)보험료 지원 신청: 두루누리 사회보험료 지원사업 대상자가 있으면 체크합니다. 두루누리 사회보험료 지원사업이란 근로자 수가 10명 미만인 사업에 고용된 근로자 중 월평균보수가 일정금액 미만이면서 지원신청일 즈 전 1년간 국민연금과 고용보험 자격취득 이력이 없는 근로자를 말합니다. 2026년 기준 월평균보수는 270만 원입니다. 국민연금과 고용보험의 80%를 지원해주는 사업이니 해당자가 있는 경우 꼭 신청하세요.

• 국민연금 부분의 근로자수와 가입대상자수: 4대보험 직원이 1명이라면 근로자수에는 1명을, 가입대상자수에는 2명을 써야 합니다. 대표자는 근로자가 아니지만, 가입다 상자에는 포함되기 때문입니다. 적용연월일은 입사일을 적으면 됩니다.

■ 고용보험 및 산업재해보상보험의 보험료징수 등에 관한 법률 시행규칙 [별지 제2호서식] <개정 2025. 7. 1.>

국민연금 [✓]당연적용사업장 해당신고서
건강보험 [✓]사업장(기관) 적용신고서
고용보험 [✓]보험관계 성립신고서 [ ]보험가입신청서(근로자 종사 사업장)
산재보험 [✓]보험관계 성립신고서 [ ]보험가입신청서(근로자 종사 사업장)

※ 2쪽의 유의사항 및 작성방법을 읽고 작성하기 바라며, 색상이 어두운 난은 신고인(신청인)이 적지 않습니다. (4쪽 중 1쪽)

접수번호		접수일		처리기간 국민연금·건강보험 3일, 고용·산재보험 5일

공통	사업장	사업장관리번호		명칭		사업장 형태 [ ]법인 [ ]개인
		소재지 우편번호( )				
		우편물 수령지 우편번호( )				전자우편주소
		전화번호	(휴대전화)		팩스번호	
		업태	종목	(주생산품)		업종코드
		사업자등록번호		법인등록번호		
		환급(반환) 계좌 사전신고	은행명	계좌번호		[✓] 자동이체 계좌와 동일
			예금주명	＊ 보험료 정산 등 환급(반환)금액 발생 시 지급될 계좌입니다. (지급 관련하여 통장사본 등 추가 서류를 요청할 수 있습니다.)		
	사용자 (대표자)	성명	주민(외국인)등록번호		전화번호	
		주소				
	보험료 자동이체신청	은행명		계좌번호		
		예금주명		예금주 주민등록번호(사업자 등록번호)		
		합산자동이체 적용여부 [ ] 적용 [✓] 미적용		이체희망일 [ ] 납기일 [✓] 납기전월 말일(월별보험료)		
	전자고지 신청	※ 고용·산재보험 건설업 일시납 개산보험료 및 1기 분납 보험료는 자동이체 처리되지 않음에 유의하여 주시기 바랍니다.				
		고지방법 [ ]전자우편 [✓]휴대전화 [ ]전자문서교환시스템 [ ]인터넷홈페이지(사회보험통합징수포털)				
		수신처(전자우편주소, 휴대전화번호 또는 아이디)				
		수신자 성명		수신자 주민등록번호		

국민연금/건강보험 연금(고용)보험료 지원 신청	건설현장사업장 [ ]해당 [ ]비해당 건설현장 사업기간
	「국민연금법」 제100조의3 또는 「고용보험 및 산업재해보상보험의 보험료징수 등에 관한 법률」 제21조에 따라 아래와 같이 연금(고용)보험료 지원을 신청합니다(근로자 수가 10명 미만인 사업(장)만 해당합니다). 국민연금 [✓] 고용보험 [✓]

보험사무 대행기관 (고용·산재)	명칭	번호

국민연금	근로자수 1명	가입대상자수 2명	적용 2026.01.02	연월일(YYYY.MM.DD)
	분리적용사업장 [ ]해당 [ ]비해당	본점사업장관리번호		

건강보험	적용대상자수 2명	본점사업장관리번호	적용 연월일 2026.01.02		
	사업장 특성부호	회계종목(공무원 및 교직원기관만 작성)	1	2	3

고용보험	상시근로자수 1명	피보험자수 1명	성립일 2026.01.02
	주된 사업장 명칭	사업자등록번호	
	우선지원대상기업 [ ]해당 [ ]비해당	관리번호	

산재보험	상시근로자수 1명	성립일 2026.01.02	사업종류코드
	사업의 형태 [ ] 계속 [ ] 기간이 정해져 있는 사업(사업기간: -)		
	성립신고일(가입신청일) 현재 산업재해발생여부 [ ]있음 [ ]없음		
	주된 사업장 여부 [ ]해당 [ ]비해당 주된 사업장 관리번호		
	원사업주 사업장관리번호 또는 사업개시번호 (사내하도급 수급사업주인 경우만 적습니다)		

행정정보 공동이용 동의서

본인은 이 건 업무처리와 관련하여 담당 직원이 「전자정부법」 제36조제1항에 따른 행정정보의 공동이용을 통해 담당 직원 확인사항란의 제1호 및 제2호의 행정정보를 확인하는 것에 동의합니다.

＊동의하지 않는 경우에는 신고인(신청인)이 직접 해당 서류를 제출해야 합니다.

신고인(신청인) (서명 또는 인)

위와 같이 신고(신청)합니다. 년 월 일

신고인·신청인(사용자·대표자) (서명 또는 인)

[ ]보험사무대행기관(고용·산재보험만 해당) (서명 또는 인)

국민연금공단 이사장/국민건강보험공단 이사장/근로복지공단 ○○지역본부(지사)장 귀하

210mm×297mm[백상지(80g/㎡) 또는 중질지(80g/㎡)]

222

- 건강보험 부분의 적용대상자수: 4대보험 직원이 1명이라면 2명을 쓰면 됩니다. 대표자도 건강보험 직장가입자가 되기 때문입니다. 적용연월일은 입사일입니다.

- 고용보험 부분의 상시근로자수와 피보험자수: 4대보험 직원이 1명이라면 각각 1명이라고 쓰면 됩니다. 만약 가족이 입사했다면, 고용보험 적용이 안 되기 때문에 아무것도 안 써도 됩니다. 성립일은 입사일입니다.

- 산재보험 부분의 상시근로자수: 4대보험 직원이 1명이라면 1명이라고 쓰면 됩니다. 고용보험과 마찬가지로 가족이 입사했다면, 산재보험 적용이 안 되기 때문에 아무것도 안 써도 됩니다. 성립일은 입사일입니다.

(4) 인건비 신고하기

4대보험 자격취득 신고서

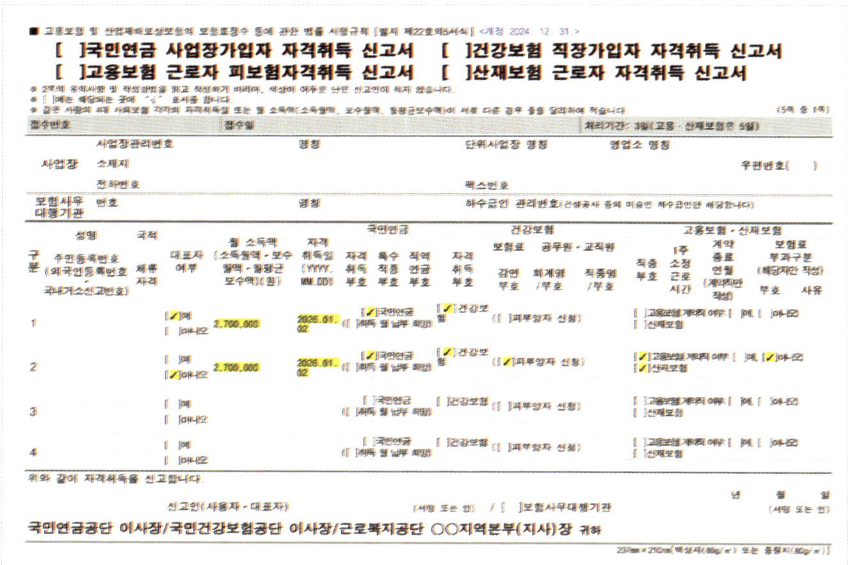

4대보험 자격취득 신고에는 기한이 있습니다. 건강보험은 입사일 후 14일 이내에, 국민연금과 고용보험 및 산재보험은 입사일이 속하는 달의 다음 달 15일까지 신고해야 합니다. 4대보험 자격취득 신고는 보통 한 번에 하기 때문에, 직원 입사일 후 14일 이내에 4대보험 자격취득 신고를 마무리해야 합니다.

4대보험 자격취득 신고서를 작성할 때 주의할 점은 다음과 같습니다.

- 월 소득액: 처음으로 4대보험 직원이 들어오면 대표자도 함께 4대보험 직장가입자가 됩니다. 이때 대표자의 4대보험

4부 신고와 납부

보수월액(=근로자의 급여)은 가장 급여를 많이 받는 근로자와 동일하게 책정됩니다. 근로자보다는 많은 돈을 가져갈 거라고 보고 4대보험을 매긴 뒤, 추후 종합소득세 신고를 하며 정산하는 구조입니다. 월 소득액은 비과세 급여를 제외한 과세 급여를 말하는데요. 만약 급여가 300만 원인데, 여기에 식대 20만 원, 자기차량운전보조금 20만 원이 포함돼 있다면 월 소득액은 260만 원이 되는 겁니다.

- 자격취득일: 자격취득일이 1일이라면, 그 달의 보험료부터 바로 고지됩니다. 그런데 자격취득일이 2일이라면, 그 달의 보험료부터 낼지, 다음 달의 보험료부터 낼지 결정할 수 있습니다. 2일 이후가 입사일이고, '취득 월 납부 희망'에 체크하지 않으면 다음 달의 보험료부터 낼 수 있으니 참고하세요.

입사일은 1일로 하는 것보다 2일로 하는 게 좋습니다. 1일로 하면 입사 첫 달에도 국민연금과 건강보험이 나오는데, 2일로 하면 입사 후 두번째 달부터 국민연금과 건강보험이 나오기 때문입니다. 고용보험과 산재보험은 입사월부터 바로 부과됩니다.

- 고용보험(계약직 여부): 사람을 많이 고용할 수 있는 환경이 아니라면, 최초 채용할 때 '계약직'으로 채용해 수습 기간을 가져보길 권해드립니다. 처음부터 정규직으로 채용할 경우 회사와 맞지 않는 사람이라도 근로관계를 종료하는 게 어렵습니다. 또 근로관계를 종료할 때 '계약종료'로 할 경우 근로자는 실업급여를 받을 수 있고, 회사는 고용지원금을 받고 있었다면 불이익 없이 지원금을 계속 받을 수 있습니다.

(4) 인건비 신고하기

4대보험 자격상실 신고서

　　직원이 입사할 때 4대보험 자격취득 신고서를 작성했다면, 직원이 퇴사할 때는 4대보험 자격상실 신고서를 작성해 제출해야 합니다. 관할 건강보험공단에 제출하면 국민연금, 고용보험, 산재보험 모두 처리되며, 건강보험 EDI 서비스에서도 가능합니다.

　　직원이 퇴사하게 되면, '중도퇴사자 정산'을 해줘야 합니다. 연말정산 하는 것처럼 소득세와 지방소득세도 정산하고요. 4대보험도 정산합니다. 만약 정산을 했을 때 내야 할 세금과 4대보험료보다 지금까지 낸 것이 적다면, 중도퇴사자 정산을 하면서 추가 공제, 즉 그만큼을 떼고 주어야 합니다. 만약 정산을 하지 않은 채로 퇴사를 한다면, 해당 직원의 세금과 4대보험료까지도 회사가 부담해야 하는 문제가 생깁니다. 일반적으로 4대보험 직원이 있는 사업장은 세무대리인이 있기 때문에 별 부담이 없지만, 세무대리인이 없는 사업장이라면 중도퇴사자 정산할 때 세무대리인의 도움을 받는 걸 추천합니다.

4대보험 요율(2026)과 예시

　　직원 1명을 고용할 때 4대보험료가 어느 정도 나오는지 모르고 직원을 고용했다가, 생각보다 너무 큰 4대보험 부담에 낭패를 보는 경우를 종종 봅니다. 4대보험은 비과세 급여를 뺀 세전 급여를 기준으로 계산하는데요. 얼마나 많이 나오는지 요율과 예시를 보겠습니다.

4부 신고와 납부

세전 급여 기준	회사부담분	직원부담분
국민연금	4.75%	4.75%
건강보험	3.595%	3.595%
장기요양보험	0.4724%	0.4724%
고용보험	0.9%+α(0.25~0.85%)	0.9%
산재보험	업종별르 상이함	-

직원의 경우 본인 월급의 약 9.7%를 4대보험으로 납부해야 합니다. 사업주의 경우 직원 4대보험으로 월급 외 10%가 더 나가게 됩니다.

만약 직원이 없던 1인 사업자가 월 300만 원을 주고 직원을 고용하게 될 경우 4대보험료는 얼마가 될까요?

	사업주		근로자	
	회사부담금	개인부담금	회사부담금	직원부담금
국민연금	142,500	142,500	142,500	142,500
건강보험	107,850	107,850	107,850	107,850
장기요양보험	14,172	14,172	14,172	14,172
고용보험	-	-	34,500	27,000
산재보험	-	-	21,600	-
합계	529,044		320,622	291,522

(4) 인건비 신고하기

근로자 1명을 고용했다는 이유로, 회사는 1,141,188원이 찍힌
고지서를 받게 됩니다. 이중 사업주 본인 때문에 나오는 529,044원을
제외하고, 근로자를 위해 추가 지불하는 금액은 320,622원입니다.

4대사회보험정보연계센터 홈페이지에 들어가면 보험료
모의계산을 해볼 수 있으니, 꼭 모의계산 후 채용을 결정하길 바랍니다.

3) 급여명세서

4대보험에 가입한 직원이 1명이라도 있는 경우, 회사는 급여를
지급할 때 직원에게 급여명세서를 교부해야 합니다. 급여명세서를
교부하지 않으면 1차 30만 원, 2차 50만 원, 3차 100만 원의 과태료가
부과됩니다. 노무적인 이야기는 차치하고, 세무적으로 급여명세서가
어떻게 구성되는지 보겠습니다.

2025년 12월분　급여명세서

| 사원코드: | | 사 원 명: | | 입 사 일: | |
| 부　　서: | | 직　　급: | | 호　　봉: | |

지 급 내 역	지 급 액	공 제 내 역	공 제 액
기본급	2,317,810	국민연금	146,650
식대	200,000	건강보험	117,450
생일선물	200,000	고용보험	29,810
고정연장근로수당	682,190	장기요양보험료	15,210
		소득세	91,460
		지방소득세	9,140
		공 제 액 계	409,720
지 급 액 계	3,400,000	차 인 지 급 액	2,990,280

귀하의 노고에 감사드립니다.

4부 신고와 납부

지급내역

• 과세 급여: 급여로 지급되면 소득세와 지방소득세, 4대보험료가 변동되는 항목입니다. 기본급, 상여, 생일선물 등은 과세 급여로 들어갑니다.

• 비과세 급여: 급여로 지급되더라도 소득세와 지방소득세, 4대보험료가 변동되지 않는 항목입니다. 직원의 세후 실수령액을 높여주는 효과가 있기 때문에, 직원과 근로계약서를 작성하실 때부터 어떤 비과세 급여를 연봉에 포함할 건지 정하시는 게 좋습니다.

① 식대: 식대 명목으로 지급하는 급여는 월 20만 원까지 비과세입니다. 단, 비과세를 받기 우 해서는 식사를 제공하지 않아야 합니다.

② 육아수당: 근로자나 그 배우자의 출산이나 6세 이하(1월 1일 기준) 자녀의 보육과 관련해 지급하는 급여는 자녀 1명당 월 20만 원까지 비과세입니다.

③ 자기차량운전보조금: 근로자가 소유하거나 임차한 차량을 근로자가 직접 운전해서 업므를 수행할 경우 지급하는 자기차량운전보조금은 월 20만 원까지 비과세입니다.

공제내역 중 국민연금, 건강보험, 고용보험, 장기요양보험료

회사가 직접 급여명세서를 작성할 경우, 4대보험은 이렇게 확인하시면 됩니다.

• 국민연금: 국민연금 EDI 사이트(https://edi.nps.or.kr/)에

사업장관리번호를 입력한 후 공동인증서로 로그인합니다.
사업장관리번호는 일반적으로 사업자등록번호 뒤에 0을 붙인
것입니다.

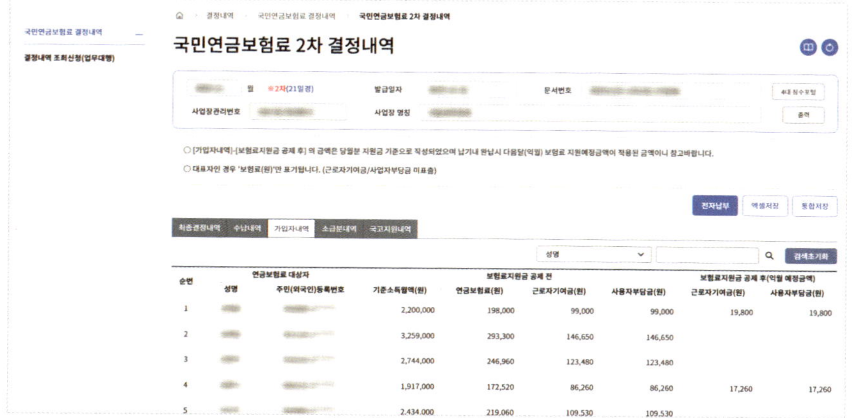

국민연금보험료 결정내역에서 '가입자내역' 확인
• 근로자기여금: 급여명세서의 국민연금 공제내역에 반영
• 사용자부담금: 회사의 비용(세금과공과)

대표자의 근로자기여금과 사용자부담금은 회사의 비용이
아닙니다. 대표자의 종합소득세 신고 시 소득공제로 반영됩니다.

• 건강보험: 국민건강보험 EDI 사이트(https://edi.nhis.or.kr)에
회원가입을 한 뒤 공동인증서를 등록합니다. 이후 공동인증서로
로그인하면 됩니다.

4부 신고와 납부

[받은문서 목록] → [가입자고지내역서(건강)] 확인

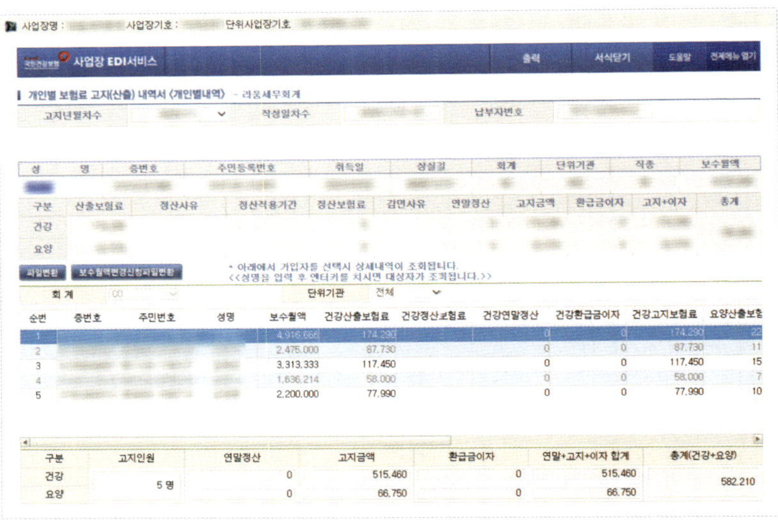

순번	증번호	주민번호	성명	보수월액	건강산출보험료	건강정산보험료	건강연말정산	건강환급금이자	건강고지보험료	요양산출보험
1				4,916,666	174,290			0	0	174,290	22
2				2,475,000	87,730			0	0	87,730	11
3				3,313,333	117,450			0	0	117,450	15
4				1,636,214	58,000			0	0	58,000	7
5				2,200,000	77,990			0	0	77,990	10

구분	고지인원	연말정산	고지금액	환급금이자	연말+고지+이자 합계	총계(건강+요양)
건강	5 명	0	515,460	0	515,460	582,210
요양		0	66,750	0	66,750	

(4) 인건비 신고하기

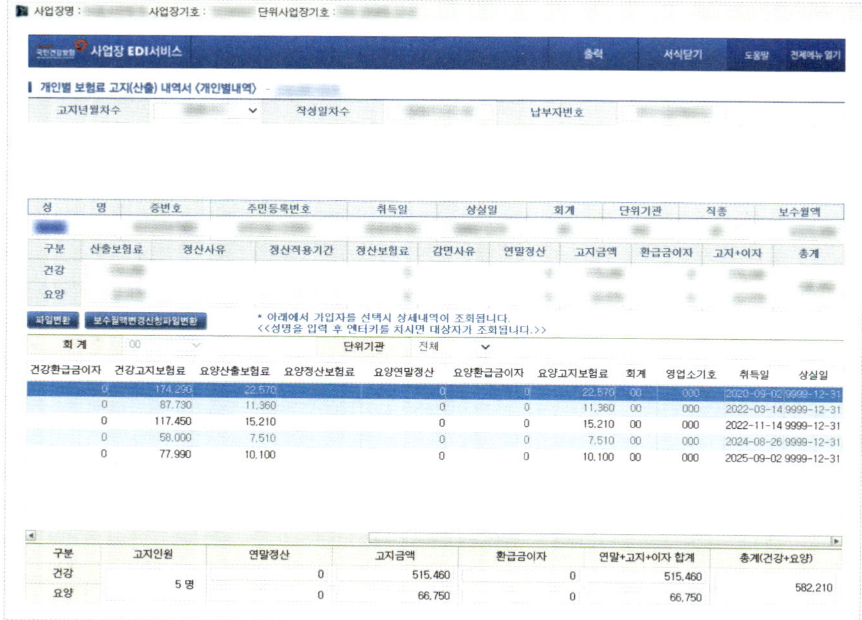

건강고지보험료: 급여명세서의 건강보험 공제내역에 반영

요양고지보험료: 급여명세서의 장기요양보험료 공제내역에 반영

사용자부담금: 회사의 비용(복리후생비)

대표자의 근로자기여금과 사용자부담금도 회사의 비용으로 인정됩니다. 복리후생비로 반영하면 됩니다.

- 고용보험: 근로복지공단 고용·산재보험 토탈서비스(https://total.comwel.or.kr)에 공동인증서로 로그인합니다.

4부 신고와 납부

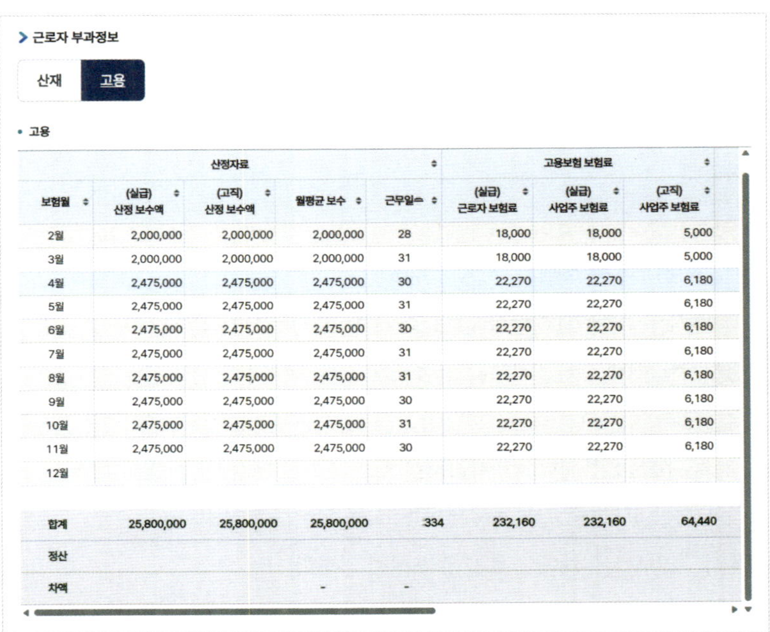

산정자료					고용보험 보험료		
보험월 ⇕	(실급) ⇕ 산정 보수액	(고직) ⇕ 산정 보수액	월평균 보수 ⇕	근무일수 ⇕	(실급) ⇕ 근로자 보험료	(실급) ⇕ 사업주 보험료	(고직) ⇕ 사업주 보험료
2월	2,000,000	2,000,000	2,000,000	28	18,000	18,000	5,000
3월	2,000,000	2,000,000	2,000,000	31	18,000	18,000	5,000
4월	2,475,000	2,475,000	2,475,000	30	22,270	22,270	6,180
5월	2,475,000	2,475,000	2,475,000	31	22,270	22,270	6,180
6월	2,475,000	2,475,000	2,475,000	30	22,270	22,270	6,180
7월	2,475,000	2,475,000	2,475,000	31	22,270	22,270	6,180
8월	2,475,000	2,475,000	2,475,000	31	22,270	22,270	6,180
9월	2,475,000	2,475,000	2,475,000	30	22,270	22,270	6,180
10월	2,475,000	2,475,000	2,475,000	31	22,270	22,270	6,180
11월	2,475,000	2,475,000	2,475,000	30	22,270	22,270	6,180
12월							
합계	25,800,000	25,800,000	25,800,000	334	232,160	232,160	64,440
정산							
차액			-	-			

[정보조회] → [개인별 부과고지보험료 조회]로 들어가서
관리번호(일반적으로는 사업자등록번호-0)를 입력한 후 근로자를
선택해서 조회합니다.

고용보험 보험료의 (실급) 근로자 보험료: 급여명세서의 고용보험
　공제내역에 반영
고용보험 보험료의 (실급) 사업주 보험료와 (고직) 사업주 보험료:
　회사의 비용(복리후생비)

(4) 인건비 신고하기

이때 근로자는 실업급여 보험료(실급)만 부담하면 되지만, 사업주는 실업급여 보험료(실급)와 고용안정, 직업능력 개발사업 보험료(고직)까지 부담해야 합니다. 고용보험은 사업주 부담금이 더 많습니다.

공제내역 중 소득세, 지방소득세

국세청 홈택스 [세금신고] → [원천세 신고] → [근로소득 간이세액표]에서 소득세와 지방소득세를 얼마 떼어야 할지 알 수 있습니다.

회사는 급여명세서의 '차인지급액'을 근로자 통장에 입금합니다. 미리 공제한 4대보험료와 소득세, 지방소득세는 각각 4대보험공단과 세무서, 지방자치단체에 근로자를 대신해 납부합니다.

4) 매월 내는 세금과 연말정산

앞에서 소득세와 지방소득세는 '근로소득 간이세액표'에 따라 매월 차감한다고 했지요? 이때 근로소득 간이세액표에 따라 80%를 원천징수할 건지, 100%를 원천징수할 건지, 120%를 원천징수할 건지 선택할 수 있습니다. 소득세와 지방소득세는 직원의 세전 급여에서 미리 떼어둔 후 사업주가 신고 및 납부만 대신하는 거라, 별도의 사업주 부담은 없습니다.

근로자들은 매월 세금을 대략적으로 떼어뒀다가, 1년에 한 번 연말정산을 하기 때문에 80%, 100%, 120% 떼는 건 큰 의미가 없습니다. 지금 내느냐, 나중에 내느냐의 문제니까요.

4부 신고와 납부

연말정산은 다음 해 2월 인건비 신고와 함께 진행됩니다.
직원들의 2월 급여명세서에 연말정산 내역이 반영되는데요.
연말정산으로 세금을 더 내는 직원은 공제내역의 소득세와
지방소득세가 늘어나 세후 실수령액이 줄어듭니다. 반면 연말정산으로
세금을 환급받는 직원은 공제내역의 소득세와 지방소득세가
마이너스가 되며, 세후 실수령액이 늘어납니다. 환급액은 사업주가
급여를 줄 때 직원에게 먼저 지급한 다음, 국가와 지방자치단체에 환급
신청을 해서 돌려받습니다.

1년 동안 매월 원천징수된 세금 < 1년 동안 실제 내야 하는 세금 ⇒
연말정산으로 차액 '납부'
1년 동안 매월 원천징수된 세금 > 1년 동안 실제 내야 하는 세금 ⇒
연말정산으로 차액 '환급'

5) 퇴직급여

만 1년 이상 근무한 직원이 퇴직할 때는 '퇴직금'을 지급해야
합니다. 퇴직금은 1년 근무했을 때 한 달 치 급여 정도가 나갑니다.
퇴직금 모의계산이 필요한 경우 국세청 홈택스의 우상단 전체메뉴를
눌러보세요. '퇴직소득 세액계산 프로그램'을 검색해 퇴직금
모의계산이 가능한 엑셀 프로그램을 다운받을 수 있습니다.
직원의 퇴직금은 미리 모아두는 걸 추천합니다. 퇴직금은
근로자가 퇴직한 날의 다음 날부터 14일 이내에 지급해야 합니다.
퇴직금을 모아두지 않았다가 한꺼번에 여러 명의 직원이 퇴직하게 될

경우, 퇴직금을 지급하지 못해 노동부에 신고를 당할 수도 있습니다. 형사처벌까지 갈 수 있는 심각한 문제입니다.

사업용으로 사용하는 통장에 모아두면 급할 때 써버리기 쉬우니, 퇴직연금에 가입하세요. 퇴직연금은 DB형, DC형, IRP로 크게 나뉘는데요. DC형에 가입하시는 게 보편적입니다. 보통 근로자의 급여가 오를 경우, 퇴직금이 계속해서 오르기 때문에 부담이 될 겁니다. 퇴직연금을 모아두지 않거나, DB형 퇴직연금을 이용하실 경우에는 직전 3개월의 급여를 기준으로 퇴직금이 계산되는데요. DC형의 경우에는 연간 지급하는 금액의 1/12만 적립해두면 됩니다.

퇴직금을 미리 적립하는 경우, 적립하는 해의 비용으로 처리할 수 있습니다.

퇴직연금 가입하는 법

퇴직연금은 은행, 증권사, 보험사에서 가입할 수 있습니다. 규모가 크지 않은 30인 이하 중소기업이라면 근로복지공단에서 운영하는 퇴직연금인 '푸른씨앗'을 이용하는 게 수수료 측면에서 유리합니다.

4 / 기타소득

기타소득은 이자·배당·사업·근로·연금·퇴직·양도소득 외의 소득으로서, 법에 '열거'된 소득을 말합니다. 대표적으로는 상금, 복권 당첨금, 계약의 위약이나 해약으로 인해 받게 되는 위약금과 배상금 등이 있는데요. 사업자가 지급하게 되는 기타소득은 주로 '인적용역'과 관련된 기타소득입니다.

소득세법에서 기타소득 부분을 보면, '인적용역을 일시적으로 제공하고 받는 대가'라는 문구가 있습니다. 프리랜서 사업소득과 기타소득의 가장 큰 차이는 지속적·반복적으로 용역을 제공하는지, 일시적·우발적으로 용역을 제공하는지입니다. 세무사가 본업인 제가 다른 회사에 1회성 특강을 나간다면 기타소득을 받게 될 겁니다.

○ 소득세법 제21조【기타소득】

19. 다음 각 목의 어느 하나에 해당하는 인적용역(제15호부터 제17호까지의 규정을 적용받는 용역은 제외한다)을 일시적으로 제공하고 받는 대가

가. 고용관계 없이 다수인에게 강연을 하고 강연료 등 대가를 받는 용역

나. 라디오 · 텔레비전방송 등을 통하여 해설 · 계몽 또는 연기의 심사 등을 하고 보수 또는 이와 유사한 성질의 대가를 받는 용역

다. 변호사, 공인회계사, 세무사, 건축사, 측량사, 변리사, 그 밖에 전문적 지식 또는 특별한 기능을 가진 자가 그 지식 또는 기능을

(4) 인건비 신고하기

사업소득과 기타소득을 구분하는 실익은 필요경비입니다. 프리랜서가 사업소득으로 돈을 받을 때는, 사업소득을 얻기 위해 들어간 경비를 직접 증빙해야 합니다. 그런데 일시적 용역을 제공하고 기타소득으로 돈을 받게 되면 실제 경비를 입증하지 않더라도 60%를 경비로 인정해줍니다. 300만 원을 받았다면 300만 원의 60%인 180만 원을 경비로 봐주는 겁니다. 300만 원의 40%인 120만 원에 대해서만 세금을 매기며, 이때 세율은 20%(지방소득세 2%)입니다. 그래서 세전 금액의 40%를 '기타소득금액'이라고 부릅니다.

세전 금액 × 40% × 22% = 세전 금액 × 8.8%이므로 흔히 말하는 '8.8% 원천징수'는 이렇게 나온 세율입니다. 회사 입장에서는 기타소득을 지급할 때 8.8%를 원천징수하고 신고·납부하면 됩니다.

5 / 인건비 신고 시기와 방법

인건비 신고는 인건비 지급일이 속한 달의 다음 달 10일까지 해야 합니다.

1) 원천징수세액(원천세) 반기별 납부

매월 원천세 신고·납부를 하면, 연간 12번 원천세를 신고·납부하게 됩니다. 눈 깜빡하면 원천세 신고할 때가 돌아옵니다. 바쁘게 사업을 하다보면 원천세 신고를 놓치거나 원천세 신고는 했는데 납부기한을 놓쳐 가산세 등 불이익이 발생하는데요. 직전 연도 상시고용인원이 20명 이하인 사업자(금융 및 보험업을 경영하는 자는 제외)는 6개월에 한 번만 원천세를 신고·납부할 수 있도록 특례를 두고 있습니다.

반기별납부는 국세청 홈택스의 [증명·등록·신청] → [원천세 관련 신청·신고] → [원천징수세액 관기별 납부 승인 신청]에서 하실 수 있는데요. 상반기부터 적용받고 싶다면 12월 1일부터 31일까지, 하반기부터 적용받고 싶다면 6월 1일부터 30일까지 신청해야 합니다. 반기별 납부가 승인 여부는 1월 31일까지, 7월 31일까지 통지됩니다.

반기별 납부가 승인되면 상반기분 원천세는 7월 10일까지 신고·납부하며, 하반기분 원천세는 다음 해 1월 10일까지 신고·납부합니다.

	신청	승인 통지	원천세 신고·납부
상반기	12월 1~31일	1월 31일까지	7월 10일까지
하반기	6월 1~30일	7월 31일까지	1월 10일까지

가장 중요한 점은 원천세 신고를 6개월에 한 번만 하더라도, 간이지급명세서와 지급명세서는 동일하게 제출해야 한다는 점입니다.

(4) 인건비 신고하기

인건비 자료는 매월 챙겨두셔야 합니다.

간혹 반기별 납부 신청을 했다가 '포기 신청'을 해달라고 요청하시는 분들이 있습니다. 대부분은 한꺼번에 원천세를 내려니 금액이 너무 커서 부담된다는 이유였습니다. 반기별 납부를 포기하려면 원천세를 매월 납부하려는 월의 직전 월 말일까지 '원천세 반기별 납부 포기신청서'를 내면 됩니다. 대신 해당 반기의 첫번째 달부터 포기신청서를 제출한 달까지의 징수내용을 1장의 신고서에 기재해서, 포기신청서를 제출한 달의 다음 달 10일까지 원천세 신고·납부를 해야 합니다. 이때 신고서의 귀속연월은 반기의 시작 월을, 지급연월은 포기신청서 제출 월을 적으면 됩니다.

예를 들어 5월부터 반기별 납부를 포기하고 싶다면, 4월 말까지 포기신청서를 내야 합니다. 1월부터 4월까지의 징수내용을 5월 10일까지 원천세 신고·납부해야 하고요. 이때 신고서의 귀속연월은 1월, 지급연월은 4월이 됩니다.

2) 원천세, 지방소득세 신고서

근로자들에게 급여명세서를 지급하면서 미리 떼어둔 소득세는 원천세 신고서(원천징수이행상황신고서)의 'A01 간이세액' 부분에 들어갑니다. 만약 당월에 퇴사자가 있다면 중도퇴사자의 소득세를 정산한 뒤 'A02 중도퇴사' 부분에 기입해야 합니다. 연말정산은 2월 원천세 신고를 하면서 진행하는데, 이때 정산되는 소득세는 연말정산 'A04 합계' 'A05 분납신청' 'A06 납부금액' 부분에 들어가게 됩니다.

프리랜서에게 인건비를 지급하면서 미리 떼어둔 소득세는

☑ 원천징수이행상황신고서
☐ 원천징수세액환급신청서

① 신고구분						② 귀속연월	
매월	반기	수정	연말	소득처분	환급신청	③ 지급연월	

원천징수의무자	법인명(상호)		대표자(성명)		일괄납부 여부	부
					사업자단위과세 여부	부
	사업자(주민)등록번호		사업장 소재지		전화번호	
					전자우편주소	

❶ 원천징수 명세 및 납부세액

(단위 : 원)

소득자 소득구분			코드	원천징수명세					납부세액		
				소득 지 급 (과세미달, 일부 비과세포함)		징수세액			⑨ 당월 조정 환급세액	⑩ 소득세 등 (가산세 포함)	⑪ 농어촌 특별세
				④ 인원	⑤ 총지급액	⑥ 소득세등	⑦ 농어촌 특별세	⑧ 가산세			
개인 · 거주자 · 비거주자	근로소득	간이세액	A01	4	12,100,000	292,570					
		중도퇴사	A02								
		일용근로	A03								
		연말정산 합계	A04								
		연말정산 분납신청	A05								
		연말정산 납부금액	A06								
		가감계	A10	4	12,100,000	292,570				292,570	
	퇴직소득	연금계좌	A21								
		그 외	A22								
		가감계	A20								
	사업소득	매월징수	A25	1	200,000	6,000					
		연말정산	A26								
		가감계	A30	1	200,000	6,000				6,000	
	기타소득	연금계좌	A41								
		종교인소득 매월징수	A43								
		종교인소득 연말정산	A44								
		가상자산	A49								
		인적용역	A59								
		그 외	A42								
		가감계	A40								
	연금소득	연금계좌	A48								
		매월징수	A45								
		연말정산	A46								
		가감계	A47								
	이자소득		A50								
	배당소득		A60								
	저축 등 해지 추징세액 등		A69								
	비거주자양도소득		A70								
법인	법인원천		A80								
수정신고(세액)			A90								
총합계			A99	5	12,300,000	298,570				298,570	

❷ 환급세액 조정

(단위 : 원)

전월 미환급 세액의 계산			당월 발생 환급세액				⑱ 조정대상 환급세액 (⑭+⑮+⑯+⑰)	⑲ 당월조정 환급세액계	⑳ 차월이월 환급세액 (⑱-⑲)	㉑ 환급 신청액
⑫ 전월 미환급세액	⑬ 기환급 신청세액	⑭ 차감잔액 (⑫-⑬)	⑮ 일반 환급	⑯ 신탁재산 (금융회사 등)	⑰ 그밖의 환급세액 금융회사 등	⑰ 그밖의 환급세액 합병 등				
0	0	0	0	0	0	0	0	0	0	0

원천징수의무자는 「소득세법 시행령」 제185조제1항에 따라 위의 내용을 제출하며, 위 내용을 충분히 검토하였고 원천징수의무자가 알고 있는 사실 그대로를 정확하게 적었음을 확인합니다.

년   월   일

신고인   (서명 또는 인)

세무대리인은 조세전문자격자로서 위 신고서를 성실하고 공정하게 작성하였음을 확인합니다.

세무대리인   (서명 또는 인)

⬛ 세 무 서 장   귀하

신고서 부표 등 작성 여부 ※ 해당란에 "○" 표시를 합니다.		
부표(4~5쪽)	환급(7쪽~9쪽)	승계명세(10쪽)
세무대리인		
성명		
사업자등록번호		
전화번호		
국세환급금 계좌신고 ※ 환급금액 2천만원 미만인 경우에만 적습니다.		
예입처		
예금종류		
계좌번호		

(4) 인건비 신고하기

지 방 소 득 세 특 별 징 수 신 고 결 과 서

신고납부관할지			전자납부번호	
			납세번호	

신고인 (납세자)	사업장명		사업자등록번호	
	사업장소재지			
	성명/법인명		주민/법인등록번호	
	전화번호		휴대전화번호	
	이메일			

년 월 신고 납부(납입)세액

구분	인원	과세표준액 (소득세액)	납부세액
이자소득	0	0	0
배당소득	0	0	0
사업소득	1	6,000	600
근로소득	4	191,620	19,140
연금소득	0	0	0
기타소득	0	0	0
퇴직소득	0	0	0
저축해지추징세액등	0	0	0
비거주자양도소득	0	0	0
법인원천(내국법인)	0	0	0
법인원천(외국법인)	0	0	0
계		197,620	19,740
가산세	0	총납부세액	19,740

※ 가감조정내역

환급액		추가납부액	
당월기타환급액	0	당월추가납부액	0
연말정산환급액	0	연말정산추가납부액	0
기타환급액(중도퇴사자등)	0	가산세대상추가납부액	0
환급합계금액	0	추가납부합계금액	0
기타조정금액(차감액)			0
납부총금액	19,740	차감후환급잔액(환급부족액)	0
금월신고납입할세액			19,740

지방세법 제103조의13 제2항, 제103조의29 규정에 의하여 위와 같이 신고되었습니다.

년 월 일

신고인(납세자) 홍길동

※ 전자납부번호, 납세번호, 제출날짜, 접수일자, 접수번호, 신고자 서명이 없는 신고결과는 제출전 신고결과입니다.

원천세 신고서의 'A25 매월징수' 부분에 적습니다.

지방소득세 신고서의 과세표준액은 '소득세액'입니다.

원천세 신고서의 '소득세등'에 들어간 금액이 지방소득세 신고서의
과세표준액에 들어갑니다.

3) 간이지급명세서

원천세 신고서와 지방소득세 신고서를 보면 몇 명에게 얼마를
지급했는지는 나오지만, 누구에게 얼마를 지급했는지가 나오지
않습니다. '누구에게' 인건비를 줬는지 신고해야, 인건비를 받은 사람도
소득이 잡히게 됩니다. '누구에게'를 신고하는 게 간이지급명세서와
지급명세서입니다.

근로소득 간이지급명세서

원천세 신고서와 달리 성명, 주민등록번호, 개인별 급여 등이
들어갑니다(2027년부터는 매달 제출).

사업소득 간이지급명세서

간이지급명세서	제출 시기	가산세
근로소득	지급일이 속하는 반기의 마지막 달의 다음 달 말일 상반기 지급분: 7월 31일 하반기 지급분: 1월 31일	미제출: 미제출 금액 × 0.25%
사업소득	지급일이 속한 달의 다음 달 말일	
기타소득	지급일이 속한 달의 다음 달 말일	

(4) 인건비 신고하기

■ 소득세법 시행규칙 [별지 제24호의4서식(1)] (2021.06.17. 개정)　　　　　　[전자신고제출분]　(3쪽 중제1쪽)

간 이 지 급 명 세 서
(근 로 소 득)

([√] 지급자보관용　　　　　[ ] 지급자제출용)

1. 원천징수의무자 인적사항 및 지급내용 합계사항

원천징수의무자	① 상 호 (법인명)		② 성 명 (대표자)		③ 사업자 등록번호	
	④ 주민 (법인) 등록번호		⑤ 소재지 (주소)			
	⑥ 전화번호		⑦ 전자우편주소			

지급내용	⑧ 귀속연도		년	⑨ 지급시기	[√] 상반기 (1월 - 6월) [ ] 하반기 (7월 - 12월)	
	⑩ 근로자 총 인원		명	⑪ 과세소득 (⑱번 합계 + ⑲번 합계)		91,746,236

2. 소득자 인적사항 및 근로소득 내용

일련번호	⑫ 주민등록번호 ⑬ 성명	⑭ 내·외국인 ⑮ 거주자구분	⑯ 근무기간	⑰ 지급월	⑱ 급여 등	⑲ 인정상여
1		1. 내국인	2026-01-01	1월 / 7월	3,200,000	
				2월 / 8월	2,700,000	
				3월 / 9월	4,100,000	
			-	4월 / 10월	2,700,000	
		1. 거주자		5월 / 11월	5,667,644	
			2026-06-30	6월 / 12월	2,700,000	
				합계	21,067,644	
2		1. 내국인	2026-01-01	1월 / 7월		
				2월 / 8월		
				3월 / 9월		
			-	4월 / 10월		
		1. 거주자		5월 / 11월		
			2026-06-30	6월 / 12월		
				합계		
3		1. 내국인	2026-01-01	1월 / 7월	3,600,000	
				2월 / 8월	3,000,000	
				3월 / 9월	6,600,000	
			-	4월 / 10월	3,000,000	
		1. 거주자		5월 / 11월	6,983,801	
			2026-06-30	6월 / 12월	3,000,000	
				합계	24,983,801	

원천징수의무자는 「소득세법」 제164조의3 제1항에 따라 위의 내용을 제출하며 위 내용을 충분히 검토하고 원천징수의무자가 알고 있는 사실 그대로를 정확하게 적었음을 확인합니다.

　　　　　　　　　　　　　　　　　　　　　　　　　년　　　월　　　일

제출자:　　　　　　　　　　　　　(서명 또는 인)

※ 작성방법 참고하시기 바랍니다.

210mm×297mm(백상지 80g/㎡)

원천세 신고서와 달리 업종코드, 성명, 주민등록번호, 개인별 지급액 등이 들어갑니다.

간이지급명세서
(거주자의 사업소득)
([ ] 지급자 보관용　　[√] 지급자 제출용)

❶ 지급자 인적사항 및 지급내용 합계사항

①상호 (법인명, 성명)	② 사업자(주민) 등록번호	③소재지 (주소)	④소득인원	⑤총 지급액 계 (⑭합계)
라움세무회계				

⑥[지급연도]		⑦지급월 (해당월에 '○')	[ ] 1월　[ ] 2월　[ ] 3월　[ ] 4월　[ ] 5월　[ ] 6월 [ ] 7월　[ ] 8월　[○] 9월　[ ] 10월　[ ] 11월　[ ] 12월

❷ 소득자 인적사항 및 사업소득내용

일련 번호	⑧ 귀속 [연도]	⑨ 귀속 월	⑩ 업종 구분	⑪ 소득자 성명(상호)	⑫ 주민(사업자) 등록번호	⑬ 외국인 여부 (외국인'○')	⑭ 지급액	⑮ 세율	⑯ 소득세	⑰ 지방 소득세	⑱ 계 (⑯+⑰)
1			940909 (기타자영업)				200,000	3	6,000	600	6,600

지급자는 「소득세법」 제164조의3 제1항에 따라 위의 내용을 제출하며, 위 내용을 충분히 검토하고 지급자가 알고 있는 사실 그대로를 정확하게 적었음을 확인합니다.　　년　　월　　일　　제출자 :　　　　（서명 또는 인）

이렇게 제출해둔 간이지급명세서를 연간 내역으로 합해 최종 제출하는 게 '지급명세서'입니다.

지급명세서	제출 시기	가산세
근로소득	다음 해 3월 10일까지	미제출: 미제출 금액 × 1%
퇴직소득(연 1회)	다음 해 3월 10일까지	미제출: 미제출 금액 × 1%
사업소득	다음 해 3월 10일까지	미제출: 미제출 금액 × 1% 단, 간이지급명세서 제출한 경우 지급명세서 제출 간주
기타소득	다음 해 2월 말일까지	미제출: 미제출 금액 × 1% 단, 간이지급명세서 제출한 경우 지급명세서 제출 간주

간이지급명세서와 지급명세서는 국세청 홈택스에서 제출할 수 있습니다.

간이지급명세서 제출하는 곳

국세청 홈택스 [지급명세·자료·공익법인] → [일용·간이지급명세서/사업장제공자 등의 과세자료 제출명세서 제출(매월·반기)] → [직접작성 제출]

지급명세서 제출하는 곳

국세청 홈택스 [지급명세·자료·공익법인] → [(근로·사업 등) 지급명세서 제출] → [지급명세서 제출/내역조회]

근로소득, 퇴직소득, 사업소득, 기타소득 지급명세서 중 해당되는 지급명세서를 선택해서 제출하면 됩니다.

6 / 가산세

인건비 신고에는 '무신고가산세'가 없습니다. 대신 납부가 하루만 늦어도 3%의 '납부지연가산세'가 붙으며, 하루가 지날 때마다 0.022%씩 납부지연가산세가 늘어 납니다. 납부지연가산세 한도는 미납부세액의 10%입니다.

납부지연가산세 = 미납부세액 × 3% + 미납부세액 × 0.022% × 미납일수
(한도: 미납부세액 × 10%)

회사 담당자의 실수로 원천세 9억6,000만 원을 미납한 회사를 본 적이 있습니다. 납부기한이 하루 지나서야 원천세를 납부하지 않았다는 사실을 알았고, 깜짝 놀라서 납부서를 작성했는데 가산세만 29,011,200원이 나왔습니다. 미납부세액의 3%인 28,800,000원에 1일 0.022%의 추가 가산세 211,200원이 붙어서 나온 금액입니다. 회사 담당자가 얼굴이 하얗게 질려서 세무서에 연락을 했는데, 가산세를 안 낼 수 있는 방법이 없으니 그대로 납부하라는 답변을 들었습니다.

인건비 신고가 끝났다면, 가산세를 절대 가벼이 보지 마시고 다음 달 10일까지 원천세와 지방소득세를 제때제때 납부합시다.

(4) 인건비 신고하기

(**5**)

비용 처리하기

지출은 했지만 사업과 관련성 없다면, 비용 아님.

자녀 교육비, 의료비 등 개인적인 용도 지출

사업과 관련성 있다면, 비용 처리.

부가가치세는 공제 불가.

인건비, 4대보험, 여비교통비,

차량유지비, 접대비 등

사업과 관련성 있어서,

비용 처리와 부가가치세 공제.

복리후생비, 임차료, 소모품비,

지급수수료, 광고선전비 등

접대비 vs 광고선전비

• 상대방이 특정인이라면 접대비 → 비용처리 한도 있음

(중소기업 3,600만 원)

• 상대방이 불특정 다수라면 광고선전비 → 비용처리 한도 없음

차량유지비, 접대비는 지출금액에
부가가치세가 포함되어 있지만 공제 불가능.
단, 경차나 9인승 이상의 차량, 트럭 등에 대한
차량 구입, 유지 관련 비용은 부가가치세 공제 가능.

임대인이 간이과세자라면?

현금영수증을 받거나 임대차계약서와 이체확인증으로 비용 처리

1 / 부가가치세 공제 비용 기준

부가가치세 공제를 받았는지, 받지 않았는지에 따라 비용 처리하는 금액이 달라집니다.

예를 들어보겠습니다. 33,000원을 지출했는데, 이중 30,000원은 매입한 금액, 3,000원은 부가가치세입니다. 만약 부가가치세 공제를 받았다면, 30,000원만 비용이 될 거고요. 부가가치세 공제를 안 받았다면 33,000원 전체가 비용이 될 겁니다.

2 / 급여와 4대보험

직원에게 주는 급여는 매월 인건비 신고를 한 후에 비용으로 반영할 수 있습니다.

직원이 있으면 국민연금, 건강보험, 고용보험, 산재보험 등 4대보험도 발생하는데요. 직원의 급여에서 4대보험을 직접 차감하는 것 외에, 사업주로서 직원의 4대보험을 부담해주기도 합니다. 사업주가 부담하는 금액은 각각 세금과공과, 복리후생비, 보험료로 비용 처리가 가능합니다.

국민연금	세금과공과
건강보험	복리후생비
고용보험	복리후생비
산재보험	보험료

3 / 복리후생비

복리후생비는 직원이 있는 사업자만 쓸 수 있는 계정입니다.
직원에게 주는 급여 외에, 복리후생적 성질의 비용을 지출할 때
사용합니다. 급여로 줄 때는 소득세가 발생하지만, 사용하는 금액을
복리후생비로 바로 비용 처리할 경우 직원에게 소득세가 발생하진
않습니다.

주로 직원의 식비(별도의 식비나 식사를 제공하지 않는 경우),
커피값, 직원 경조사비, 회식비 등이 여기에 해당합니다. 저희 회사
기준으로는 인건비의 15% 정도가 복리후생비로 사용되고 있는 것
같습니다.

종종 세무기장을 맡기지 않는 분들이 '대표자 본인의
복리후생비'로 사용한 것을 복리후생비라는 계정으로 반영하는 걸
봅니다. 세법은 대표자 본인을 위해 사용하는 비용을 '가사용 경비'로
보고, 복리후생비로 보지 않기 때문에 비용 처리가 불가능합니다.

(5) 비용 처리하기

4 / 여비교통비

여비는 임직원이 출장을 가는 경우, 여비 지급규정에 따라 지급되는 비용을 말합니다. 교통비, 숙박비, 식비 등에 지출하는 금액이 여비로 들어갑니다. 주로 먼 곳에 출장을 갈 때 여비가 발생합니다. 가까운 거리를 이동하면서 버스, 택시 등 대중교통을 이용하거나, 주차비, 통행료 등이 발생할 경우 교통비로 반영합니다.

버스, 택시, 기차, 비행기 등의 교통수단을 이용할 때 지출하는 비용은 부가가치세 공제가 되지 않으며, 종합소득세 비용 처리만 가능합니다.

5 / 차량유지비

비용 처리를 받으려면 우선 서류로는 자동차등록증, 자동차보험증권 사본, 지방세 세목별 과세증명서(자동차세), 리스/렌트라면 차량계약서가 필요합니다. 차량유지비는 크게 두 가지 항목으로 생각해야 합니다.

1) 차량 구입/리스/렌트비

차량을 구입하면, 차량가액을 자산으로 잡게 됩니다. 자산으로 잡힌 금액은 5년에 걸쳐 비용 처리가 됩니다. 연간 최대 800만 원까지 감가상각비로 반영이 가능합니다.

리스나 렌트를 하게 되면, '감가상각비 상당액'이라는 걸 잡아둡니다('감가상각비'에 대해서는 바로 뒤에서 설명합니다). 감가상각비 상당액은 리스의 경우 리스료의 약 93%, 렌트의 경우 임차료의 70%로 봅니다.

이렇게 계산한 금액이 연간 800만 원을 넘으면, 5년이 지난 후부터 한도 초과된 금액을 매년 800만 원씩 비용으로 반영해줍니다. 차량을 매각할 때까지 매년 800만 원을 비용 처리하게 되는 것이죠.

2) 그 외 경비

그 외 경비는 차량을 운행하면서 발생하는 유류비, 보험료, 수선비, 자동차세, 통행료 등을 말합니다. 이런 비용들은 운행기록부를 안 쓸 경우 사용한 금액을 최대 700만 원까지 인정해줍니다. 운행기록부를 쓸 경우 사업용으로 사용한 금액 전부를 비용으로 처리할 수 있습니다.

운행기록부 양식은 법제처 국가법령정보센터의 '업무용승용차 운행기록 방법에 관한 고시'를 검색하셔서 맨 아래 '별지' 한글 파일을 다운받으시면 됩니다.

	운행기록부 O	운행기록부 X
구입/렌트/리스 (감가상각비)	최대 800만 원	최대 800만 원
그 외 경비	실제 사용하는 금액	최대 700만 원

6 / 접대비(기업업무추진비)

접대비는 거래처에 돈을 썼을 때 사용하는 계정입니다. 거래처와 식사를 하거나, 거래처에 선물을 하거나, 거래처 경조사비를 지출했을 때 접대비로 비용 처리할 수 있습니다. 접대비는 기본적으로 부가가치세 공제가 안 되기 때문에 사용한 금액 전액이 종합소득세 비용 처리됩니다.

중소기업이라면 접대비의 기본 한도가 3,600만 원입니다. 참고로 사업자가 아닌 프리랜서라면 접대비 기본 한도가 1,200만 원이고요. 다른 사업장들도 실제 사용하는 접대비를 계상하면 대부분 기본 한도인 3,600만 원을 채우기란 어려울 겁니다.

비용으로 인정받기 위해 챙겨야 할 것은 청첩장, 부의문자 등(1장당 20만 원이 한도)이 있습니다.

7 / 세금과공과

 대신 등록면허세, 주민세(사업소분), 자동차세 등의 경우에는 종합소득세의 비용으로 처리할 수 있습니다.

협회비나 교통유발부담금 등의 공과금도 세금과공과로 들어가고요. 앞서 본 것처럼 국민연금공단에 내는 직원의 국민연금보험료도 세금과공과로 비용 처리할 수 있습니다.

단, 범칙금, 과태료 등은 해선 안 되는 일을 저질러서 부담하는 일종의 '패널티'이기 때문에 비용으로 인정받지 못합니다. 왜 납부해야 하는지 그 원인에 따라 비용 반영이 결정된다고 보시면 됩니다.

8 / 감가상각비

사업을 시작하면서 5천만 원짜리 기계를 샀다고 가정해보겠습니다. 그런데 이 기계는 1년만 쓰고 없어지는 게 아니라, 앞으로 사업을 하면서 향후 몇 년간은 계속 매출을 올리게 해줄 겁니다. 이런 기계는 소모품이 아닌 유형의 자산으로 봅니다. 그리고 한 번에 비용으로 처리하는 게 아니라, 매출이 발생하는 기간에 걸쳐 차근차근 비용으로 처리합니다. 이걸 '감가상각'이라고 합니다.

그런데 이 기계를 얼마나 쓸지 알 수 없기 때문에, 법적으로 감가상각 기간을 정해뒀습니다. 그 기준을 '기준내용연수'라고

하는데요. 예를 들어 차량은 5년에 걸쳐 감가상각을 하고, 건물은 20년 혹은 40년의 기준내용연수에 맞춰 감가상각을 하라는 식입니다. 컴퓨터나 노트북, 책상, 의자 등의 비품은 감가상각 기간이 5년, 인테리어도 5년에 걸쳐 비용 처리를 할 수 있습니다.

감가상각비는 장부에 감가상각비라고 기록을 해야만 비용 처리가 가능합니다. 직접 장부를 작성하실 때는 자산을 잡고 감가상각비로 처리하는 게 어려울 수 있는데요. 한 번에 비용 처리를 했다가 국세청의 지적을 받을 수 있으니 주의해주세요.

9 / 임차료

월세, 즉 임차료는 '지급임차료'라는 계정과목으로 종합소득세 비용 처리가 됩니다. 임차료는 부가가치세 공제가 가능한 항목이지만, 간혹 임대인들이 간이과세자인 경우가 있습니다. 이때는 부가가치세 공제는 불가능하고, 종합소득세 공제만 가능합니다.

임차료에 대해 세금계산서나 현금영수증을 전자로 받는다면, 별다른 문제 없이 비용 처리가 가능합니다.

임대인이 간이과세자라면, 임대차계약서와 이체확인증으로 종합소득세 비용 처리할 수 있습니다. 임차료의 경우 보통 큰 비용이니, 놓치지 말고 챙겨주세요.

10 / 소모품비

펜, 가위, 스테이플러, A4용지 등의 사무용품이나, 쓰레기봉투, 커피 등 사무실 운영을 필요해 사용하는 소모성 비용이 소모품비로 들어갑니다. 특히 펜, 가위와 같은 소모품 비용은 사무용품비로도 처리 가능합니다. 정리하자면 업무 전반어서 소모되는 물품은 소모품비로 처리가 가능하며, 이중에서 특히 사무 환경이나 문서 작업 및 사무 보조를 위한 비용은 사무용품비로 별도로 구분할 수 있습니다.

휴대폰이나 개인용 컴퓨터, 노트북 같은 경우에는 원칙적으로 '비품'으로 자산을 잡아 감가상각으로 비용 처리해야 합니다. 다만, 당해 비용 처리를 하고 싶다면 바로 비용 처리를 할 수 있도록 특례가 있으니, 비용이 부족하다면 바로 처리하실 수 있습니다.

11 / 지급수수료

외주 서비스를 제공받고 지출하는 비용은 지급수수료로 처리가 됩니다. 저희처럼 세무사나 노무사, 변호사 등에게 자문을 받고 지급하는 비용도 지급수수료에 들어가고요. 도메인 등록비용, 판매 수수료, 이체 수수료, 금융인증수수료, 결제대행수수료, 복사기 렌털료, 정수기 렌털료 등이 지급수수료 항목게 들어갈 수 있습니다.

12 / 광고선전비

물품이나 서비스의 판매 촉진을 위해 불특정다수를 대상으로 지출하는 비용은 광고선전비에 들어갑니다. 홍보용 달력이나 기념 수건, 수첩 같은 것들을 살 때도 광고비가 발생할 수 있고요. 온라인이나 오프라인 매체에 광고비를 지출할 수도 있습니다.

광고선전비는 종종 접대비와 구분이 어려울 때가 있는데요. 둘의 가장 큰 차이는 상대방이 특정인인지 아닌지입니다. 상대방이 특정인이라면 접대비, 상대방이 특정인이 아니라면 광고선전비가 됩니다. 만약 특정인에게 지출한 비용이라도, '소액광고선전비'의 기준을 충족하면 접대비가 아닌 광고선전비로 보는데요. 소액광고선전비는 개당 3만 원 이하, 연간 5만 원 이하의 금액입니다. 예를 들어 2만 원짜리를 세 번 지출했다면 개당 3만 원 이하이기 때문에 연간 금액에 합산되지 않아서 소액광고선전비가 됩니다. 그런데 4만 원짜리를 두 번 지출했다면, 연간 8만 원이 되기 때문에 접대비가 됩니다.

접대비와 광고선전비를 구분하는 실익은 '한도' 때문입니다. 접대비는 사용한 비용을 전부 인정받는 게 아니라 한도에 맞게 인정받고요. 광고선전비는 사용한 비용을 전부 인정받습니다.

4부 신고와 납부

13 / 기타 비용

- 통신비: 사무실의 일반전화, 팩스전화, 인터넷전화 요금이나
인터넷요금 등입니다. 등기우편을 보내는 등의 요금도 포함됩니다.

- 수도광열비: 수도요금, 가스요금 등입니다.

- 전력비: 전기요금입니다.

- 보험료: 4대보험 중 산재보험료가 보험료라는 비용으로
처리됩니다. 또한 화재보험이나 자동차보험 등 회사가 소유하는
사업용 자산에 대해 보험에 가입한 경우에도 이를 비용 처리할 수
있습니다. 다만 기간이 1년 이상인 보험들은 해당연도에 해당하는
비용만큼만 처리하고, 기간이 도래하지 않은 보험료는 다음 해로 넘겨
비용 처리합니다.

- 운반비: 택배 등을 이용할 떠 비용 처리합니다.

- 교육훈련비: 직원의 업무능력향상을 위해서 강의를 수강하게
되면 교육훈련비로 처리할 수 있습니다. 다만, 개인사업자 대표자
본인의 교육비는 교육훈련비로 처리할 수 없습니다.

- 도서인쇄비: 명함 인쇄비, 달력 인쇄비, 다이어리 인쇄비,
팜플렛 인쇄비 등이 도서인쇄비로 비용 처리될 수 있습니다.
참고도서를 구매하거나, 신문과 잡지 구독료도 포함됩니다.

(5) 비용 처리하기

5부

세무대리

작은 회사인데 세무대리를 하면 어떤 이득이 있나요?

규모가 작다고 신경 쓸 일이 적다고 볼 수 없습니다. 오히려 규모가 작다면 대표자가 이 업무 저 업무 모두 처리해야 하는 상황이죠. 한정된 자원으로 효율성을 극대화하기 위해서 세무는 전문가에게 맡기는 것이 좋습니다. 즉, 직접 인건비 신고하고 장부 작성하고 할 시간에 매출을 늘리는 게 옳은 방향이라고 봅니다.

회사 규모가 어느 정도가 될 때 세무대리를 하는 게 좋을까요?

정답은 없으나 몇 가지 기준을 제시해드릴 수는 있습니다.

① 직원이 생겼을 때: 4대보험 업무부터 인건비 신고, 지급명세서 제출 등 챙겨야 할 게 많아집니다.

② 간이과세자에서 일반과세자로 전환될 때: 매출이 1억400만 원 이상이 되었다는 뜻이니, 이제 어느 정도 매출이 나오기 시작했고 부가가치세도 부담으로 느껴질 시기입니다.

세무사가 하는 일

- 복식부기로 장부 작성
- 매출과 비용 정리
- 부가가치세, 종합소득세, 원천세 등 세금 신고
- 4대보험과 관련된 업무
- 세무 상담

세무사는 이용 방법

- 신고대리: 세금 신고가 필요할 때만
- 기장대리: 매월 수수료를 지불하고 사업에 관한 전반적인 관리 의뢰

좋은 세무사의 기준

- 신원이 확실한 세무사가 운영하는 곳
- 알아서 하는 곳이 아닌 많이 물어보는 곳
- 세금 신고가 끝나도 사후 관리가 되는 곳
- 소통이 잘되는 곳

1 / 기장대리

1) 기장대리란?

기장대리를 맡긴다는 건 '장부 작성'을 의뢰하는 겁니다. 우리가 카드 결제를 하는 상황을 한번 생각해보겠습니다.

신용카드매출전표

잔상	
191,000 원	
카드종류	개인/신용카드
카드번호	
거래일자	25.09.15 22:35
일시불/할부	**일시불**
승인번호	73787049
이용금액	173,639원
부가세	17,361원
봉사료	0원
컵 보증금	0원

A회사가 음식점에서 191,000원을 결제했습니다. 그럼 앞의 신용카드매출전표가 나오겠죠. A회사가 결제한 내역은 국세청 전산을 통해 세무사 사무실에 다음과 같은 형태로 들어옵니다.

✓	일자	Code	거래처	품명	국내외	공급가액	세액	비과세	합계	업태	종목	유형	차변계정	대변계정	관리	전표상
☐	09-15	001234 ⓡ	잔상		국내	173,639	17,361		191,000	양식		일반	(판)복리후생비	미지급금		확정가

그럼 세무사 사무실에서는 해당 전표에 이름을 붙여줍니다.

① [유형] 일단 부가가치세가 공제되는지, 안 되는지를 먼저 판단합니다. 부가가치세가 공제되면 '카과(카드과세)'라는 태그를, 부가가치세가 공제되지 않으면 '일반'이라는 태그를 붙여주는데요. 부가가치세 공제 여부는 두 가지에 따라 판단합니다.

② 돈을 지불한 거래처가 간이과세자라면 부가가치세 공제가 안 되기 때문에 '일반'이라는 태그를 붙입니다. 돈을 지불한 거래처가 일반과세자라면 부가가치세 공제가 가능할 수도 있기 때문에 다음 단계로 넘어갑니다.

③ 돈을 지불한 거래처가 일반과세자일 때 어떤 비용인지에 따라 부가가치세 공제 여부가 달라집니다. 앞의 내역은 양식 음식점에서 결제한 내역입니다. 직원들과 밥을 먹었을 수도 있고, 거래처와 밥을 먹었을 수도 있겠죠? 직원들과 밥을 먹었다면 비용의 이름이 '복리후생비'가 되기 때문에 부가가치세 공제를 받을 수 있습니다. 거래처와 밥을 먹었다면 '기업업무추진비(접대비)'가 되기 때문에 부가가치세 공제를 받을 수 없습니다.

④ [차변계정] 부가가치세 공제/불공제를 판단했다면

5부 세무대리

종합소득세 비용 처리를 어떻게 할지 정해야 합니다.

즉 하나의 영수증이 세 가지의 전표 중 하나로 기재됩니다.

계정	부가세 공제	종합소득세 비용
복리후생비 (일반과세자)	17,361	173,639
복리후생비 (간이과세자)	0	191,000
기업업무추진비 (접대비)	0	191,000

이런 식으로 세금계산서나 계산서, 신용카드, 현금영수증 등의 매출, 매입 하나하나마다 이름을 붙여주는 게 기장이라고 생각하시면 됩니다. 인건비나 4대보험 등의 지출에도 전부 이름을 붙여줘야 합니다. 그런데 저희가 카드 내역이나 현금영수증 내역에 대해서 물어보면, 가끔 이렇게 말씀하시는 분들이 있습니다. "사용 내역이 다 뜨지 않나요?" "이걸 하나하나 말씀드려야 하나요?"

경리팀이나 회계팀이 있는 회사라면 사용 내역 하나하나에 대해 이름을 붙여서 세무사 사무실에 내역을 보내줍니다. 경리 프로그램에 '내용'을 기입하거나, 어떤 용도로 사용했는지 엑셀 파일을 보내줍니다. 이렇게 하는 이유는 회사가 어떤 용도로 이 돈을 썼는지 알 수 없어서입니다. 세무사 사무실에 정확한 정보를 주지 않으면, 기장이 정확하게 되지 않습니다.

개인사업자도 마찬가지입니다. 어디서 사용했는지는 뜨지만,

어떤 용도로 사용했는지는 사용한 사람이 직접 말하지 않으면 알 수 없습니다. 용도를 알아야 부가가치세 공제/불공제를 하고, 종합소득세 비용 처리를 할 수 있습니다.

2) 장부를 작성하는 과정

앞에서 말씀드린 내용을 종합해 장부를 작성하는 과정을 설명드리겠습니다.

① 매출 및 매입 발생

회사에서 돈을 벌 때나, 돈을 쓸 때 세금계산서, 계산서, 신용카드, 현금영수증 등의 증빙이 발생합니다. 이런 증빙은 국세청 수임동의가 돼 있다면, 전산을 통해 세무대리인에게 들어옵니다.

② 부가가치세 신고용 매출/매입 구분

전산 자료를 받은 세무대리인은 전표 1개당 1개의 부가가치세용 태그를 붙입니다.

③ 종합소득세 비용 처리를 위한 계정과목 분류

부가가치세 공제든, 불공제든, 종합소득세 비용 처리를 어떻게 할 것인지 계정과목을 분류합니다. 계정과목이란 자산, 부채, 자본, 수익, 비용을 보다 세세하게 분류하고 묶은, 회계의 카테고리입니다. 흔히 말하는 접대비, 복리후생비, 이런 것들이지요. 또 이때 간이영수증이나 송금 내역으로 비용 처리해야 하는 것들, 대출이자

등을 함께 반영합니다.

④ 인건비 신고

직원이나 일용직, 프리랜서 등이 있는 사업장에서는
인건비(원천세) 신고를 진행합니다. 인건비를 신고해야
신용카드매출전표 받은 것처럼 증빙으로 인정해주기 때문에 신고 후
간이지급명세서, 지급명세서까지 제출하는 등 일련의 과정을 거쳐
회계 처리(장부에 기록)하는 것까지 마무리합니다.

이런 과정을 거치기 때문에, 세구기장에는 다음과 같은 서비스가
포함돼 있습니다.

- 복식부기 장부 작성
- 매출·매입 집계 및 검토

- 부가가치세 신고
- 면세사업자 사업장현황신고
- 종합소득세 신고

- 원천세 및 지방소득세 신고
- 간이지급명세서 및 지급명세서 제출
- 4대보험 성립 및 상실 신고
- 직원 연말정산

- 민원증명 발급 대행
- 금융회사(은행) 재무 자료 전송 대행
- 세무 상담

부가가치세 신고는 기장대리 수수료에 포함돼 있지만, 종합소득세 신고는 별도입니다. 부가가치세 신고의 경우 매출/매입을 정리하며 세무기장을 할 때 바로 신고서 작성이 완료되는데요. 종합소득세 신고할 때는 재무상태표, 손익계산서 등의 재무제표를 만들어야 하고, 추가로 반영해야 할 것들도 많을뿐더러 세액감면, 세액공제 등의 검토까지 이뤄지기 때문에 별도의 수수료가 발생합니다.

2 / 신고대리

신고대리라는 건 평소에 아무 관리도 받지 않다가, 세금 신고만 맡기는 걸 의미합니다. 남들은 6개월에 걸쳐, 1년에 걸쳐 정리한 걸 며칠 만에 정리해야 하기 때문에 기장대리보다 정확성은 떨어집니다. 촉박한 기한에 맞춰 '신고'를 끝내는 데 초점이 맞춰져 있는 세무대리의 방식입니다.

신고대리는 1회성이기 때문에 평소에는 아무런 수수료도 지불하지 않습니다. 신고가 완료되면 업무가 종료되는 거죠. 그런데 업무 종료 이후에도 계속해서 질문을 하는 경우가 있습니다. 본인은

5부 세무대리

세무대리를 맡기고 있다고 생각하고요. 상시적인 세무상담은 매월 수수료를 지불하는 기장대리 거래처에만 제공하는 서비스로, 신고대리 업체에 제공하기는 어렵습니다.

1) 부가가치세 신고대리

일반과세자의 경우 부가가치세는 1월 25일까지 한 번, 7월 25일까지 한 번 신고하게 됩니다. 그런데 부가가치세 신고를 위한 자료가 국세청에 모두 다 넘어오는 건 보통 15일 정도입니다.

그럼 1월에 신고대리를 진행할 수 있는 기간은 1월 15일부터 25일까지, 주말 빼면 10일이 안 됩니다. 7월도 마찬가지로 신고대리를 진행할 수 있는 기간은 7월 15일부터 25일까지입니다.

세무사 사무실 직원들은 기본적으로 기장대리 거래처들을 각 40~80개 보유하고 있습니다. 이 10일의 시간 동안 기장대리 거래처들의 부가가치세 신고서를 작성하고 검토를 해야 하고요. 남은 시간이 발생한다면 신고대리를 맡을 수 있습니다. 그렇기 때문에 신고대리 업체들에 주어진 시간은 최대 3일 정도입니다.

매월 매출과 매입을 정리해오던 기장대리 업체와 달리, 신고대리 업체는 뭐 하는 업체인지 파악하기도 어려울 때가 많습니다. 이 때문에 업체에서 준비해주는 자료를 바탕으로, 최대한 세법에 맞게 신고서를 작성해 신고할 수밖에 없는 구조이죠. 가끔 신고대리를 맡기면서 독촉하는 분도 계십니다. 대표님조차 어디에 썼는지 기억하지 못하는 내용을 세법에 맞게 하나하나 태그를 붙이는 일이니 시간을 갖고 기다려주시는 게 좋습니다.

2) 종합소득세 신고대리

　　종합소득세 신고는 5월 1일부터 5월 31일까지 이뤄집니다. 지난해 수익과 비용에 대해 종합소득세 신고를 하는 거니까 미리 준비해둘 수 있지 않나, 생각하실 수 있습니다. 기장대리 업체의 대부분 자료는 4월까지 다 정리가 돼 있지만, 5월 1일부터 국세청 홈택스에 뜨는 전산 자료들이 있기 때문에 아무리 빨라도 5월 1일부터 신고서 작성을 시작할 수 있습니다.

　　부가가치세 신고와 달리, 종합소득세 신고할 때는 추가적으로 반영할 것들이나 세액감면, 세액공제같이 검토해야 할 것들이 많습니다. 이 때문에 각자 맡은 기장대리 업체의 종합소득세 신고를 끝내면 빨라도 20일은 걸립니다. 신고대리를 할 수 있는 시간이 10일밖에 없습니다. 세무사 사무실 한 곳에, 한꺼번에 수백 명의 사람이 검토를 요청하기 때문에 순서가 돌아오고, 신고서를 작성하는 데까지도 시간이 꽤 오래 걸립니다.

　　그러므로 준비한 자료를 검토하고 이를 세법에 맞게 어떻게 반영할지 그리고 세액감면이나 세액공제가 되는지 등을 확인하는 과정을 거치지 않고 낮은 수수료와 빠른 업무 처리만을 강조하는 신고대리 업체가 반드시 좋은 것만은 아닐 수 있습니다.

　　신고대리를 맡길 때 수수료 싸다고 좋아했다가 공제·감면 검토를 하나도 못 하면, 오히려 손해입니다. 각종 ‘세금 환급’ 광고를 눌러보면 더 낸 세금이 있다고 나올 건데요. 이미 낸 세금을 환급 받으려면 환급액의 22%~33%를 수수료로 내야 합니다. 애초에 신고할 때 수수료를 제대로 내고 공제·감면 검토까지 하는 게 결과적으로

더 이득인데, 이런 상황을 모르는 분이 많아 세무사로서는 참
안타깝습니다.

3 / 세무사 체크 리스트

세무사를 찾을 때 어떤 기준으로 찾아야 할까요? 가까운 곳?
가격이 싼 곳? 저도 세무사가 되기 전에는, 어차피 내가 낼 세금은
정해져 있을 텐데 누구한테 맡기든 다 똑같은 거 아니야? 수수료가
싸면 좋은 거 아니야? 생각했던 때가 있었습니다. 세무사로 일하는
지금은 다음과 같은 기준으로 세무사를 추천합니다.

1) 신원이 확실한 세무사가 운영하는 곳

자격증을 사서 사무장이 운영하거나, 터무니없이 낮은 가격을
제시하는 곳은 추천하지 않습니다. 누구지도 모르는 사람에게, 나의
카드 사용 내역을 전부 공개할 수는 없겠지요. 세무 전문성이 있는,
세무 전문가가 운영하는 세무사 사무실을 찾는 게 좋습니다.

2) 알아서 하는 곳이 아닌 많이 물어보는 곳

나의 업종에 맞게, 필요한 자료를 꼼꼼하게 요청하는 곳이
좋습니다. 알아서 다 해주는 곳보다 나를 귀찮게 해주는 곳이 고객을
더 신경 쓰고 있을 가능성이 큽니다. 더충 알아서 해주는 건 오히려
쉽습니다. 실제 사용한 경비를 체계적으로 반영해주는 곳, 내 사업에

대해 많이 물어보고 잘 이해하는 곳을 찾으세요.

3) 세금 신고가 끝나고도 사후 관리가 되는 곳

세금 신고는 끝날 때까지 끝난 게 아닙니다. 제때 신고한 신고서가 잘못됐을 경우, 기본 5년 동안 추가로 세금을 부과할 수 있습니다. 신고가 끝나고 추후 세무서에서 연락이 오는 경우가 많은데요. 이때 연락이 안 된다면? 난감하실 겁니다. 세법에 맞게, 제때제때 세금신고를 하도록 도와주고, 신고에 대한 사후 관리까지 해주는 세무사를 찾으시는 게 좋습니다.

4) 소통이 잘되는 곳

저는 이게 가장 중요하다고 생각합니다. 내 사업에 대해 잘 이해하고, 사업 관련 얘기를 할 수 있는 세무사 사무실을 찾으셔야 합니다. 업무 프로세스를 물어보시고, 세무사가 상담할 때 관여를 하는지, 처음 상담할 때만 얼굴을 비치고 나중에는 직원에게 맡기고 손을 떼는 게 아닌지를 잘 체크해보셔야 합니다.